La Sophrologie ici et maintenant

35 ans de sophrologie sociale en Suisse

ISBN 978-2-940257-82-9

Jambe-Ducommun 6a – CH-2400 Le Locle (Suisse)

Crêt 24 – CH-2300 La Chaux-de-Fonds (Suisse)

Académie Suisse de Sophrologie

La Sophrologie ici et maintenant

35 ans de sophrologie sociale en Suisse

Editions G d'Encre

Merci d'avoir mis du soleil dans ma vie

« Toutes les rencontres faites pendant ces quatre jours nous auront permis d'avancer sur notre chemin de vie… Ici, tant d'êtres déchirés ont trouvé le fil pour se raccommoder, fil d'or ou fil d'argent, chacun a cherché la manière qui lui convient pour progresser. »

Stéphanie, 18 ans

Préface

Dr *Yves Grandjean*
Président du Conseil de Fondation de l'Académie Suisse de Sophrologie

Ce livre est constitué de récits décrivant le parcours de la sophrologie en Suisse et constitue un magnifique témoignage de son évolution. Il nous fait découvrir le cheminement de différentes personnes très engagées dans le développement de la sophrologie. Il nous permet d'aller à la rencontre de ces personnes qui ont contribué à la constitution et à l'évolution de la sophrologie en Suisse. De plus, il nous permet de réaliser que la pratique de la sophrologie n'est pas uniquement centrée sur la découverte de soi et de ses propres satisfactions personnelles, mais qu'elle est, au contraire, d'abord un engagement dans le monde où l'on se rapproche de soi, ce qui nous amène à devenir responsables de nos actes et à nous intéresser à l'autre.

Ce livre nous montre que l'engagement au sein de la sophrologie mène à de magnifiques rencontres et nous invite à revenir à *l'ici et maintenant* qui est constitué de la tridimensionnalité phénoménologique : passé, présent et futur. *L'ici et maintenant,* en effet, est au centre de toute pratique sophrologique.

Ces récits, qui me touchent énormément et me rappellent de nombreuses rencontres, dévoilent le potentiel de la sophrologie, qui se poursuit sous l'impulsion de la génération actuelle des gens formés à la sophrologie en Suisse.

Préambule

Pascal Gringet
Sophrologue, master spécialiste

Souvenirs pieux

« Nous devions ouvrir la mâchoire inférieure de cette patiente depuis l'arrière jusqu'à l'avant, récliner la muqueuse et le périoste pour mettre l'os à nu. Il s'agissait ensuite de tailler des rainures dans l'os… D'ordinaire, cette opération requérait trois quarts d'heure, mais cette fois, elle dura une heure et demie… Régulièrement au cours de cette opération, je pris le pouls de cette dame, car j'étais inquiet de son teint si diaphane. J'étais également très surpris du peu de salive et de sang perdus… Puis, nous signalâmes la fin de l'opération à l'anesthésiste, qui se mit à parler à la patiente. Nous étions surpris de cette démarche. Mais nous le fûmes encore bien plus, lorsque la patiente ouvrit les yeux et nous sourit tout en reprenant un joli teint rose bonbon. »

Incrédules, décontenancés, Raymond Abrezol et son confrère Armand Dumont de Genève, demandent alors à l'anesthésiste quel produit magique il avait utilisé. *« Mais aucun, répondit-il. J'ai réalisé une anesthésie psychique… une anesthésie sophronique. »*

Mille fois raconté par Raymond, cet épisode signe en somme l'acte fondateur de la sophrologie en Suisse. Nous sommes en 1963, et Raymond se prête à une intervention chirurgicale en implantation dentaire devant six cents praticiens venus du monde entier pour un congrès à Barcelone. Cet épisode allait transformer du tout au tout son destin, ainsi qu'il le raconte dans l'un de ses derniers livres, *Voyage au pays de ma conscience,* soit le parcours initiatique d'un homme décrit par Nathalie Rotru (Editions G d'Encre).

Curieux de nature, volontaire, Raymond pousse plus avant ses investigations et prend connaissance des travaux récents d'Alfonso Caycedo, professeur en psychiatrie. Il apprend qu'il travaille justement en Suisse à cette époque, à Kreuzlingen, à la clinique du Professeur Ludwig Binswanger. Du coup, il le «convoque» à Lausanne pour une formation brève en sophrologie, dispensée à une quarantaine de praticiens. «*Assister à ce cours, écrit Raymond Abrezol, alors que j'avais déjà sept années de pratique médicale derrière moi, me fit l'effet d'une douche froide... Je traitais parfaitement bien sa pathologie, mais je ne m'occupais jamais de l'être humain, ni de ce que sa maladie pouvait signifier pour lui, ou mieux encore, de ce que sa maladie pouvait lui signaler.*»

Toujours dans ses *Mémoires,* Raymond poursuit sur son questionnement intérieur de l'époque, questionnement qui, sans nul doute, appartient à bon nombre de sophrologues, dans le secret de leur conscience. «*Tout ceci entra dans ma vie comme une tornade. Cela remettait en cause ma pratique professionnelle, mais je me sentais également bousculé dans mes valeurs personnelles. Quelles étaient-elles ? L'argent, ma voiture, ma maison, en bref, les attaches matérielles, mais aussi la reconnaissance des autres, la réussite professionnelle.*»

Très vite, Raymond Abrezol apprend à utiliser les premières techniques de la sophro naissante. Et il réfléchit sur la conscience. En 1964, le Professeur Caycedo, qui est devenu un ami de Raymond, le charge avec Armand Dumont, un complice de la première heure, de développer la sophrologie en Europe. Aussitôt dit, aussitôt fait: il l'utilise d'abord dans sa pratique ordinaire de dentiste, puis bien au-delà. Il écrit: «*Grâce à mon propre travail en sophrologie, ainsi qu'au travers des cours et séances que je partageais avec mes élèves et mes patients, je me sentais devenir un homme doté de fabuleuses capacités, jusque-là inexploitées.*» Et quand le Professeur Caycedo rentre en 1967 de son périple oriental, chargé de savoirs et de méthodes inédites, Raymond suit le mouvement, y ajoutant quantité de grains de sel personnels.

Au fil du temps, Raymond ne va pas cesser d'inventer, de développer, d'apprendre et d'enseigner. Il y aura la magnifique aventure du sport où, quand Raymond Abrezol, bien avant la mode du *coaching,* donne un sérieux coup de pouce aux skieurs suisses pour rafler une invraisemblable quantité de médailles. C'était dans les années 60 et 70. Il écrit aussi des livres, voyage beaucoup, vit une quantité d'expériences étranges, exotiques, il devient un personnage public, un gourou pour certains, un ami cher pour d'autres. Et s'il ne joint pas toujours le geste à la parole (Raymond ne ment jamais mais il a un don particulier et magistral de réaménager la vérité), son charisme, sa bonhommie, une forme de bonté naturelle, ne laissent personne indifférent. Pour certains, mais c'est dit souvent sous le manteau, la sophro doit autant à Raymond qu'à son géniteur officiel.

Au fil du temps, la sophrologie se démocratise, se met à la portée de tous. «*L'une de mes grandes satisfactions dans le développement de la sophrologie fut de la rendre accessible à des non-médicaux, déclare Raymond. Il me semblait aberrant et sectaire de limiter la pratique sophrologique au système médical, qui n'était pas forcément le mieux placé dans la démarche. Il existait un pan entier de la sophrologie, qui pouvait s'adresser à chaque être humain en phase de développement personnel. Il s'agissait ni plus ni moins de créer une nouvelle discipline de maintien de bonne santé: enfin une approche permettant de s'occuper de la santé plutôt que de la maladie.*»

Avec Pierre et Edith Schwaar, qui vont se charger de toute la logistique en Suisse (les associations regroupant les sophrologues et les aficionados de la technique, la formation, etc.), Raymond contribue pour une large part à créer une sophrologie sociale, une branche qui fait autorité en Suisse, aujourd'hui encore.

Pour les 35 ans de la sophrologie en Suisse, et à la demande du Professeur Caycedo qui désirait que les écoles se réclamant de lui témoignent d'un demi-siècle d'existence, quelques sophrologues, anciens élèves de Raymond parlent ainsi de leurs expériences dans les pages qui suivent. Celles-ci font l'essentiel de ce petit ouvrage. Avec sincérité et simplicité, ces quelques orfèvres de la sophrologie au quotidien nous apportent des bribes de leurs expériences, de leur vécu, au travers, plus particulièrement, de leur «dada», c'est-à-dire au travers de ce qu'ils ont développé eux-mêmes de spécifique, dans le secret de leur cabinet ou au gré de cours publics. Et c'est pour eux une façon de nous rappeler que la sophrologie a un but collectif: affirmer l'importance de la méthode dans notre monde contemporain.

Sans doute faut-il considérer ces témoignages comme les pièces d'un puzzle en expansion perpétuelle (comme l'univers !), ou comme de petites toiles impressionnistes formant un polyptyque. La réflexion a valeur de truisme mais il faut bien répéter qu'il existe autant de sophrologies que de sophrologues ! A condition, bien sûr, que les praticiens « la jouent collectif », comme disent les sportifs, afin d'en diversifier et colorer les atours. D'autant que si Raymond n'a pas laissé la sophrologie orpheline, elle est en train de changer de génération. Aux « enfants » de Raymond, donc, de trouver un nouveau souffle, de s'adapter au monde contemporain, d'utiliser à la fois ce que nous sommes devenus grâce à la technique et ce qui se présente à nous comme problématiques contemporaines... et plus particulièrement comme moyens de communication.

Sans donner dans le catastrophisme, il ne semble pas vain de méditer encore et toujours sur ce que disait Raymond : *« J'ai une certitude : "la civilisation actuelle arrive en bout de course, totalement essoufflée. L'individu est souffrant, et en conséquence, le groupe d'individus l'est encore plus. Le règne des anti-valeurs est à son apogée. »* Ce à quoi il ajoutait cette chose très simple et très belle qui ne devrait pas rester vœu pieux ou lettre morte, mais comme une règle de vie possible : *« La pratique régulière de la méthode sophrologique m'a permis de découvrir, de conquérir et de transformer ma conscience. C'est à ce prix que l'homme peut regagner sa dignité, alliant liberté et responsabilité. »*

Les fondateurs

Pierre Schwaar
Co-directeur de l'Académie Suisse de Sophrologie

La sophrologie ? La société a tout à y gagner !

Un jour, il y a bien des années, je tombe sur une petite annonce dans le journal local : « Sophrologie, une façon systématique de se détendre ! »

Bien entendu, je ne savais pas de quoi il en retournait mais l'offre a retenu mon attention. Il faut dire qu'à l'époque, j'étais très stressé. Responsable commercial dans une grande entreprise d'horlogerie à La Chaux-de-Fonds, j'étais submergé de travail. Très souvent en voyage, j'étais tendu en permanence, et je passais des nuits entières sans trouver le sommeil.

J'avais l'habitude de suivre plein de cours dans le cadre de la formation professionnelle et ça n'a pas été compliqué pour moi de m'inscrire à un cours de sophrologie, alors que je n'en avais jamais entendu parler. Courageux mais pas téméraire, j'ai inscrit Edith, avec son consentement bien sûr. Nous avons ainsi assisté à cinq leçons données à Neuchâtel par Raymond Abrezol.

Grâce à la sophrologie, j'ai appris, en particulier, à me détendre en toute circonstance. Déjà à l'époque, il n'était pas question pour moi d'avaler toutes sortes de produits chimiques et autres poudres de perlimpinpin pour dormir ! J'avais trop de gens, parmi mes collègues, qui prenaient une pilule pour dormir et, le matin, une autre pour se réveiller complètement ! Avec la sophro, en quelques semaines, j'avais retrouvé la capacité de me détendre. Et, un vrai miracle !, mes voyages en Suisse et à l'étranger se sont déroulés dans une harmonie qui devint très vite « habituelle ».

Je me suis alors inscrit à un séminaire de quatre jours avec Raymond Abrezol, et c'est toute ma vie qui a changé. Notamment quand je l'ai entendu dire : *« Je suis persuadé que toutes les maladies sont psychosomatiques. »*

L'affirmation résonne encore dans mes oreilles…

A ce moment-là, je m'occupais déjà, avec Edith, d'une caisse maladie, en plus de mon travail, et nous étions préoccupés de voir les cotisations et les frais médicaux augmenter régulièrement. J'ai pris l'initiative de proposer à cette Caisse d'organiser un cours de sophrologie. Sûr de mon fait, j'ai été convaincant, non seulement auprès de l'assurance mais surtout auprès de Raymond Abrezol ! Je me souviens lui avoir présenté la chose de la façon suivante : *« Puisque vous dites que toutes les maladies sont psychosomatiques, je vous amène cent personnes, vous donnez vos cours, et après six mois, on regarde si les frais médicaux ont diminué. »* C'était très pragmatique comme idée, et Raymond a fini par accepter de monter dans nos montagnes qu'il qualifiait de « perpétuellement » enneigées.

En définitive, nous n'avions pas cent personnes pour le cours, mais septante-cinq, parmi lesquelles ma mère, mon frère, un cousin… bref, à peu près toute ma famille et quelques poignées d'assurés qui nous faisaient confiance ! Reste que le succès a été immédiat, formidable ! Très vite, on m'a demandé de nouveaux cours, que j'ai organisés pour mes amis, et pour quelques chefs d'entreprise qui se plaignaient de vivre des tensions perpétuelles dans le cadre professionnel.

L'expérience avec le premier groupe de Raymond se poursuivait, si bien qu'après six mois, comme prévu, la Caisse maladie a constaté une réduction de 25 % des prestations payées pour les personnes ayant suivi le cours. Résultats extraordinaires !

Les choses se sont enchaînées tout naturellement. Les gens qui avaient suivi le premier cours en ont réclamé un deuxième pour leurs proches. L'enthousiasme était tel que nous avons dû changer trois fois de locaux, les inscriptions ayant passé de quinze à cent quarante personnes ! Raymond est donc revenu à La Chaux-de-Fonds, le bouche à oreille a fonctionné à plein et nous avons ainsi organisé des cours à Neuchâtel, Saint-Imier, Bienne, puis Fribourg, Lausanne, Genève. Il faut dire aussi qu'à l'époque, il n'existait pas grand-chose dans le créneau du développement personnel, à part le yoga, que j'avais pratiqué sous la forme de cours hebdomadaires pendant trois ans, sans grand succès, probablement par manque de motivation. De plus, je crois que le nouvel hôpital, installé à La Chaux-de-Fonds à cette époque, a joué un rôle important ; beaucoup de gens ont eu peur de s'y retrouver à des tarifs exorbitants… et se sont intéressés de près à la sophroprophylaxie que nous offrions.

Avec quelques amis enthousiastes, nous avons rapidement fondé l'Association Suisse de Sophroprophylaxie (ASP) qui organisait, et organise encore, des réunions de détente mensuelles, appelées « maintenances » !

Dans la foulée, Raymond Abrezol m'a proposé d'assister à un congrès mondial de sophrologie animé à Barcelone par le Professeur Alfonso Caycedo. C'était en 1975.

Je rencontre donc, à cette occasion, chaleureusement recommandé par Raymond, le Professeur Caycedo qui me remet une pile de bouquins, en français et en espagnol. De plus, il me demande de le tenir au courant du développement de mes démarches. Surtout, il me confie une sorte de mandat en me donnant une dizaine de minutes, le lendemain, pour expliquer l'aventure naissante de la sophrologie en Suisse, au niveau du public.

Je devais m'exprimer devant mille quatre cents personnes faisant partie du corps médical, et j'ai passé la nuit à préparer mon texte. Bref, j'ai donné ma petite conférence et je dois bien reconnaître que l'assistance n'était pas d'un enthousiasme délirant. A ma décharge, il était difficile de faire un tabac avec des médecins modérément préoccupés par la prévention !

Lors d'un séminaire à Genève, en mai 2001, le Professeur Caycedo a rappelé dans sa Revue ce premier contact sous la forme suivante :
« Je me souviens toujours comment j'ai connu M. Schwaar en 1975. Nous célébrions alors le 2e Congrès mondial de Sophrologie au Palais des Congrès de Barcelone auquel assistaient plus de mille quatre cents délégués de nombreux pays. La Sophrologie orientait alors exclusivement les professionnels de la Santé. Le Dr Abrezol me présenta M. Schwaar comme un homme d'affaires suisse n'appartenant à aucune branche de la Santé,

mais qui pensait que mes méthodes pourraient être diffusées en Suisse au grand public, aux enfants, adolescents, aux entreprises, etc. J'avoue que j'avais toujours pensé que ma méthode pourrait un jour se propager au niveau social, mais je ne pensais pas que ce serait aussi tôt.
» J'ai demandé à M. Schwaar de s'adresser au Congrès et de lui expliquer ses intentions ; il en fit ainsi et je me souviens que dans l'auditorium il n'obtint pas trop de crédulité. J'ai autorisé M. Schwaar à commencer un travail d'expérimentation et d'adaptation qu'il continue aujourd'hui avec les résultats que nous connaissons tous. »

Pour mémoire, rappelons que le Professeur Caycedo est venu plusieurs fois en Suisse, à l'occasion de nos Journées de Sophrologie à Yverdon, et à Genève où il a présenté une conférence à l'aula de l'Université devant plusieurs centaines de personnes. Il a donné aussi un séminaire à deux cent cinquante personnes, en prononçant sa Déclaration de Genève bien accueillie dans les milieux concernés.

Depuis plusieurs années, il est prévu de mettre sur pied un cours de réactualisation à Genève ou ailleurs en Suisse et, récemment, il a été question d'avril ou mai 2011 pour cet événement.

Revenons à notre document de base et au livre que nous créons pour célébrer les différentes phases du développement de la sophrologie en Suisse.

A La Chaux-de-Fonds, je devais faire face à une certaine incrédulité, notamment avec des copains du genre dur à cuire (!) :
– *Pierre, tu as vraiment besoin de ça, toi ?*
– *J'en ai mesuré l'efficacité et je n'ai aucune raison de m'en priver...*
– *Mais, c'est bon pour les bonnes femmes, ton truc !*
– *Il est vrai que les femmes sont plus immédiatement réceptives. Es-tu sûr que ce n'est pas précisément à cause de ton caractère que ton épouse a besoin de se détendre !*

Là, je ne me suis pas fait beaucoup d'amis car ceux qui en avaient le plus besoin attendaient des mois avant de se décider. D'autres prenaient des chemins plus directs et un médecin sophrologue a reçu l'avertissement suivant : *« Mon épouse, votre patiente, suit avec vous des cours de sophrologie. Il vous faut la convaincre d'arrêter car sinon je quitte le domicile conjugal ! »*... Je crois me souvenir que c'est elle qui est partie !

Nous avons été amenés à nous occuper de la sophrologie pour les enfants, suite à la demande de parents angoissés :
« Nous, on va beaucoup mieux, mais c'est vrai qu'on s'énerve pas mal avec les gosses ! Ils ont beaucoup à faire avec les examens, les devoirs, sans compter qu'ils sont distraits par la télé. Les ados surtout sont concernés. Tu crois que tu pourrais faire quelque chose ? »

Ni une ni deux, j'empoigne mon téléphone pour proposer à Raymond une autre expérience, un cours de sophro pour ados, à Tête-de-Ran. En peu de temps, nous avions quatre-vingts inscriptions. Raymond, selon son propre aveu (après coup), n'était pas très rassuré pour ce premier « Atelier Jeunesse ». Un contact un peu frileux, au début, puis l'enthousiasme des jeunes s'est éveillé et le dialogue s'est engagé. Après les quatre jours de séminaire, l'expérience nous a convaincus et ce type de rencontre a été utilisé à de nombreuses reprises. Cela nous a motivés pour entraîner nos propres enfants dans l'aventure. Bien plus tard, en temps voulu, notre fille a suivi une préparation sophro à la naissance avec Robert de Wyss ; et, à 7 ans, notre petite-fille, Nathalie, a fait ses débuts dans la technique. Lorsque je lui ai demandé ce qu'elle en pensait, elle m'a répondu spontanément : *« Je suis plus détendue, je dors mieux et j'ai pris confiance en moi. »* Imparable !

Petit à petit, les choses ont pris de l'ampleur, grâce aussi aux membres de l'ASP (Association Suisse de Sophroprophylaxie, fondée en 1975) qui nous ont demandé d'ouvrir davantage de lieux pour des maintenances. Quant aux praticiens, des médecins français parfois très connus, ils venaient en Suisse durant quelques jours, animer des maintenances selon un programme bien établi. Des sophrologues comme François Gay, Jacques Donnars, Bernard Barel, Nicole Desreumaux ont laissé une trace importante et lumineuse dans notre histoire. Je me souviens d'une fois à La Chaux-de-Fonds où il y a eu plus de cent personnes en trois séances pour une maintenance animée par François Gay... C'est dire !

En résumé, les enfants étaient contents, leurs parents aussi… Mais les personnes âgées se sentaient abandonnées, condamnées à avaler des pilules… Pour nous, c'était un nouveau défi ! Nos sophrologues ont donc créé des cours spécifiques pour « l'âge bleu », afin que nos aînés puissent *« donner de la vie aux années, plutôt que des années à la vie »* comme le disait si joliment une participante qui a commencé sa formation de sophrologue à plus de 80 ans…

Et aujourd'hui ? Sans fausse modestie, force est de constater que la sophrologie est toujours très active en Suisse. Il nous appartient de consolider, voire de développer, d'actualiser ce qui existe, d'utiliser les points forts comme tremplins pour atteindre de nouveaux buts, grâce à l'enthousiasme de la nouvelle génération de sophrologues.

Pour parler en homme d'affaires, le « produit » est bon, le « marché » est immense, il nous appartient de réunir nos forces, notre diversité, notre créativité, de façon à construire un monde où il fera bon vivre.
Puissent tous les sophrologues se donner la main !

Edith Schwaar
Co-directrice de l'Académie Suisse de Sophrologie

Quelques étapes marquantes

Les premiers pas

Le chemin suivi par la sophrologie en Suisse est différent de celui des autres pays... Alors que partout ailleurs la sophrologie était en main des médecins et du corps médical, Raymond Abrezol a lancé la sophrologie dans le monde du sport, initiative qui s'est rapidement étendue au niveau social en général, grâce au dynamisme de Pierre Schwaar, gestionnaire et directeur d'entreprise.

Nos premiers pas en sophrologie datent de 1973. Lors d'un cours du soir, mis sur pied à l'occasion de la sortie de son premier livre *Sophrologie dans notre Civilisation,* Raymond Abrezol a dessiné ce que pourrait être l'apport de la sophrologie dans une civilisation qui se dirigeait de plus en plus vers le matérialisme, le «faire», le «paraître», au lieu de tout simplement «être».

Nous avons bénéficié pleinement de ce premier cours et nous avons perçu des possibilités de développement intéressantes pour nos amis et connaissances, pour la société en général. Nous avons alors mis sur pied, avec l'aide d'une caisse maladie des cours pour le public; Raymond Abrezol qui avait la faculté de mettre à la portée de chacun les théories les plus complexes a rapidement conquis les participants.

Après les premiers cours donnés à La Chaux-de-Fonds, Pierre a très vite réalisé que sans entraînement régulier, les bonnes résolutions prises s'estomperaient rapidement. Il décida alors, avec une poignée de convaincus, de créer l'ASP (Association Suisse de Sophroprophylaxie). Lorsqu'il parla à Raymond Abrezol de son idée de regrouper une fois par mois ces amis autour d'une cassette de sophrologie, Raymond lui répondit avec son enthousiasme coutumier: *« Je vous enverrai chaque mois un sophrologue pour animer la séance. Ce sera beaucoup plus efficace qu'une cassette. »*

Ainsi naquirent, en 1975, l'Association Suisse de Sophroprophylaxie (ASP) et les premières maintenances à La Chaux-de-Fonds... Imaginez-vous que les participants venaient de Genève, Lausanne, Montreux, Delémont, St-Imier, Neuchâtel pour une heure et demie de séance, chaque premier lundi du mois... cela paraît impensable à l'heure actuelle !

1975 : naissance de l'ASP et des maintenances mensuelles

Le succès des cours et séminaires nous oblige vite à former de nouveaux sophrologues. Dès 1977, la formation professionnelle se fait aussi en Suisse alors qu'auparavant, les candidats devaient se rendre à Paris pour devenir sophrologues. Ce fut l'occasion de créer une association regroupant les sophrologues professionnels : naissance de l'Association Suisse des Sophrologues Caycédiens Agréés (ASSCA), dont le premier président fut Robert de Wyss de St-Aubin. Son dynamisme et sa façon directe de régler les affaires furent d'un grand secours à la sophro adolescente...Grâce à lui, membre du corps médical, elle gravit quelques échelons supplémentaires en crédibilité, non seulement dans le Canton de Neuchâtel, mais aussi dans le pays tout entier !

Déjà, la sophrologie sociale est bien implantée. Dès lors, il semblait indispensable de mettre en place une organisation faîtière qui planifie cours et programmes. Il s'agissait aussi d'enregistrer les nouveaux membres, encaisser les cotisations, rémunérer les intervenants... Il nous fallait un chef d'orchestre qui veille à ce que chaque partition soit exécutée avec soin et que le tout fonctionne en harmonie.

Depuis 1995, les trois associations ont décidé d'un commun accord de promouvoir la sophrologie caycédienne. Le Professeur Caycedo regroupait alors les élèves formés dans les différentes écoles de langue française. Entre-temps, il avait créé les douze degrés de la RDC* et, pour unifier la

* Relaxation Dynamique de Caycedo.

formation de sophrologues caycédiens, il rendait obligatoires les cours *master* et *master spécialiste* pour recevoir la carte de professionnalité.

C'est à cette époque que le Professeur Caycedo nomma Raymond Abrezol, Edith et Pierre Schwaar comme uniques responsables de la diffusion de la sophrologie authentique en Suisse. Pour accueillir cette nomination, en 1994, l'Académie Suisse de Formation en Sophrologie Caycédienne fut créée officiellement.

L'harmonie entre les trois sociétés a été perturbée pendant plusieurs années, et il faut bien reconnaître que l'image de la sophrologie suisse en a été quelque peu ternie. Pourtant, l'Académie a continué son travail de mise en place de stages de tout genre, multiplié la palette de cours offerts grâce à la créativité et à la fidélité de ses intervenants et de ses élèves. Depuis le milieu de 2009, les disputes se sont apaisées, un vent plus calme souffle aujourd'hui… Comme si la sophro helvétique avait quitté la rébellion de son adolescence pour entrer dans l'âge adulte.

Aussi, un renouveau s'est installé dans les trois sociétés. L'ASP a accueilli dans son comité des visages plus jeunes, dynamiques, désireux de construire. L'ASSCA a également renouvelé son comité, désormais chapeauté par Jeanne-Lou Haeberli qui mène les débats avec intelligence, douceur et détermination.

Quant au Conseil de l'Académie, il a été complété, il y a quelque temps, par la venue de Christiane Oppikofer, comme co-formatrice aux côtés de Guy Chedeau et de Jeanne-Lou Haeberli comme présidente de l'ASSCA. Le président, Joseph Borzykowski, a demandé, lui, d'être déchargé de son mandat après de nombreuses années de collaboration, et a donc été remplacé par Yves Grandjean en janvier 2010.

Il va de soi, et c'est une note triste, que le départ de Raymond Abrezol a changé le visage de la sophrologie suisse… C'était le 9 avril 2010.

Il n'en reste pas moins que la sophro suisse prend un nouveau départ, consciente de sa force et de tout ce qu'elle peut apporter à la société, bien vivante, enthousiaste, prête à saisir toutes les opportunités qui s'offrent à elle…

Alors, bon vent à la nouvelle sophrologie appliquée !

Maintenances : nous sommes en chemin

Raymond Abrezol a tenu parole et nous a fait connaître quantité de sophrologues, tous plus captivants les uns que les autres ! D'autant qu'ils venaient aussi de France voisine puisque Raymond Abrezol formait des sophrologues à Paris.

Chaque animateur nous apportait sa façon d'appréhender la sophro, enrichie par ses études et recherches propres. C'est ainsi que nous avons « goûté » aux vibrations japonaises avec Christian Desmarty, à l'analyse transactionnelle avec George Célérien, au massage inventaire avec Nicole Desreumaux, à l'eutonie avec Claudine Heitzmann, aux techniques de communication avec Marguerite Athanasiadès et John Somerset, au bouddhisme avec Raymond Abrezol, au massage perceptif avec Florence de Rivage… Et puis, nous nous sommes plongés dans la nature, avec François Gay, pour vivre des pratiques chamaniques, quand nous n'étions pas suspendus aux lèvres de Jacques Donnars nous reliant à la mythologie, ou à celles de Roland Cahen nous dévoilant les mystères de la psychologie à travers Jung.

Je vais m'arrêter là dans mon inventaire, car je ne peux relater en quelques lignes trente-cinq ans d'une vie riche en découvertes, dont chacune représente une petite pierre blanche dans l'édifice de la sophro suisse…

Durant tout ce temps, nous avons appris à vivre notre corps, ici et maintenant, d'abord à l'extérieur, puis dans sa forme délimitée par la peau, habitée par les muscles, les os, les organes, la circulation du sang, la respiration… Tant d'échanges chimiques indispensables à la vie, sans que nous intervenions : c'est miraculeux ! Prendre mieux conscience que tout se fait tout seul, de notre conception à notre mort, force le respect…

Par la suite nous avons réalisé que cet être humain avait besoin d'harmonie, avec son environnement, les autres, mais aussi avec l'entier de l'univers, ce qui donne une responsabilité inouïe à chacun, au quotidien. La sophrologie nous y aide considérablement ! Lorsqu'elle nous encourage à découvrir nos qualités propres, celles de notre voisin, la confiance s'installe, le paraître cède sa place à l'être… Un mieux-être se dessine dans notre horizon existentiel, la vie se colore de mille et une teintes… Nous sommes en chemin.

L'enseignement

Le travail lancé par Raymond et Pierre s'est ensuite poursuivi régulièrement avec l'aide du secrétariat de La Chaux-de-Fonds qui met au point chaque semestre tous les programmes des maintenances, des cours du soir et différents stages de sophrologie. Le côté social n'est pas négligé, au contraire il est mis à l'honneur. Nous nous souvenons que, dès les débuts, Raymond Abrezol l'a voulu ainsi. Les techniques ont toujours été mises à la portée de chacun ; sophrologues et membres de l'ASP se côtoient dans les cours et maintenances, chacun y apportant son vécu, ses expériences sophrologiques.

Seuls les séminaires de formation professionnelle sont réservés à un public ciblé (membres du corps médical et paramédical, au corps enseignant et aux formateurs de toutes sortes). Dès les années 1975, Raymond Abrezol a partagé l'enseignement professionnel avec Jean-Pierre Hubert de Paris, puis dans les années 80, avec Guy Chedeau d'Annemasse, son élève. Les deux amis, toujours de connivence, se complètent à merveille. Les élèves apprécient beaucoup leur collaboration, je dirais même leur complicité, et ceci jusqu'aux derniers jours de Raymond.

Dans les années 2000, le *team* s'est agrandi, Raymond a demandé à Christiane Oppikofer de l'aider dans l'enseignement pour la Suisse alémanique. Après un certain temps de collaboration, Christiane l'a également remplacé pour certains cours dans la formation professionnelle en français. Les élèves ont bien vécu l'arrivée d'un élément féminin dans l'équipe enseignante. Malheureusement cette collaboration n'a duré que quelques années. Tout naturellement, au départ de Raymond, l'enseignement professionnel est revenu à Guy et Christiane; ils s'entoureront de quelques sophrologues chevronnés afin que les nouveaux élèves bénéficient d'autres expériences pratiques. Ainsi la formation suisse restera dans la ligne donnée par Raymond Abrezol, une formation ouverte, très adaptée au quotidien.

Le terrain est donc bien préparé pour un développement en profondeur de la sophrologie:

- d'une part, un public ouvert, curieux, intéressé par tout ce qui touche à l'évolution personnelle;
- d'autre part, des sophrologues qui ont une formation très pratique, qui ont découvert, entraîné, intégré les techniques, et sont prêts à les transmettre aux différents élèves et patients qu'ils rencontrent;
- et, n'oublions pas l'essentiel, une méthode géniale, complète et claire, qui s'adapte particulièrement bien à la problématique actuelle, au mal-être dont souffre la population en général.

Tous les éléments sont réunis pour continuer notre effort de promotion...

La sophrologie appliquée avec Ricardo Lopez et Claudia Sanchez

Dès leur arrivée en Suisse, après cinq ans de formation en Colombie avec le Professeur Caycedo et quelques années de pratique dans le terrain, au niveau social, Ricardo Lopez et Claudia Sanchez ont senti qu'ils avaient en Suisse un champ d'application extraordinaire pour le développement de la sophrologie sociale, grâce à la démarche prophylactique et aux structures mises en place.

Ils se sont intégrés très rapidement, ils ont appris assidûment le français et ont fait passer leur message à travers un langage simple, un vocabulaire bien choisi, des mots qui partent du cœur, de l'intérieur vers l'extérieur.

Ils ont parcouru toute la Suisse romande. Ils ont adapté leur enseignement selon la provenance des participants, s'étant bien aperçus que l'on ne parle pas de la même façon à des Genevois, des Valaisans, des Vaudois ou des Neuchâtelois! Eh oui, dans une si petite région, il y a des particularités à connaître!

Ils ont profité de leurs longs voyages en train pour élargir leurs connaissances. Nous avons beaucoup bénéficié de leurs lectures et de leurs recherches variées, mais toujours étudiées par rapport aux applications possibles au quotidien. C'est ainsi que leurs cours se sont enrichis de thèmes précis, tels que «Apprivoiser le stress», «Intelligence du corps», «Savoir s'affirmer», «Communiquer pour mieux vivre», «La dynamique du pardon», «Mettre en valeur ses qualités», «Etre intuitif», «Etre créatif», etc.

Les degrés de la dynamique sont de cette façon vécus avec une intentionnalité, un but précis. Les participants aux différents cours ou soirées à thème ont eu la chance de découvrir les possibilités infinies de la méthode Caycedo, grâce à la créativité et à la parfaite maîtrise des sophrologues. Par ce biais, plusieurs sophrologues se sont familiarisés à ce mode d'enseignement. Ils utilisent leur formation de base pour présenter un sujet et le développer selon leurs expériences et le message qu'ils souhaitent faire passer.

Les thèmes ne sont pas traités dans un but thérapeutique, mais pédagogique, prophylactique et social. Les gens se sentent mieux dans leur peau, ils prennent confiance en eux; la thérapie est la conséquence du processus. Nous mesurons de plus en plus l'importance de l'entraînement... La sophrologie est réellement un entraînement existentiel; la motivation est constamment renouvelée à travers la variation des thèmes et l'adaptation des techniques au quotidien. Toute la richesse et la profondeur de la méthode Caycedo sont mises en valeur.

Quelle bonne idée ils ont eue de venir voir ce qui se passe en Suisse au niveau de la sophrologie sociale, qu'ils ont connue dans un contexte fort différent dans leur pays! La sophrologie suisse leur doit beaucoup et leur exprime ici toute sa reconnaissance.

Les «Perfectionnements»

A la fin des années 90, les amis français ou belges que nous rencontrions en Andorre étaient étonnés des nombreuses ouvertures qui s'étaient faites chez nous, autour de la sophrologie. Il faut dire qu'à ce moment-là, nous avions de l'avance puisque notre aventure sophro avait débuté en 1975 déjà. En vingt ans, nous avons accumulé un volume d'expériences positives dans bon nombre de domaines. Ainsi, nous étions les seuls, au départ, à nous intéresser à la prévention, au mieux-être, au développement personnel, qui est devenu *évolution personnelle.*

Dès le début, les applications, cours et séminaires se sont développés dans les domaines suivants :

- cours de préparation à la naissance ;
- cours pour les enfants et les ados ;
- préparation aux examens, devenue préparation à la réussite scolaire ;
- cours pour adultes de tout âge ;
- stages pour les « 50 ans et plus » ;
- cours pour les cadres et responsables d'entreprises ;
- aide à la gestion du stress ;
- cours pour chômeurs ;
- soutien aux sportifs du dimanche et aux sportifs de haut niveau.

L'essence même de la sophrologie est d'être accessible à tous et utile à chacun. Les cours répondent donc logiquement à une multitude de besoins que l'Académie s'est attachée à satisfaire.

Bien entendu, il a fallu mettre au point en premier lieu un programme de formation pour les sophrologues se destinant à l'enseignement.

C'est précisément cette expérience pratique que sont venus chercher en Suisse les *masters spécialistes* de tous pays rencontrés en Andorre. Nous n'avions pas la prétention de leur apprendre les dernières techniques de sophrologie ; nous souhaitions simplement leur faire connaître des sophrologues expérimentés qui ont su intuitivement adapter la méthode Caycedo aux besoins quotidiens du public.

J'aimerais souligner le plaisir que nous avons eu à accueillir tous ces sophrologues de France, de Belgique, du Portugal et même de la Guadeloupe. Que de souvenirs enregistrés : les premiers tours de table où chacun se présente, exprime ses attentes ! Puis au fil des pratiques, des thèmes évoqués, les liens du groupe se resserrent, les visages s'épanouissent, les discussions s'approfondissent, la chaleur humaine, les rires remplissent la pièce… Il fait bon être ensemble !…

Chaque sophrologue qui nous a contactés a sa personnalité ; il aborde la sophrologie selon ce qu'il est, le point de développement qu'il a atteint… Quelle chance nous avons eue de rencontrer tant de diversité, quelle richesse nous avons reçue de vous tous venus de partout ! Merci de nous avoir fait confiance !

Il faut aussi rendre hommage aux intervenants qui ont su partager leur savoir-faire et leur savoir-être. Ils ont donné avec générosité leurs expériences, leurs vivances, leur créativité, les adaptations personnelles faites au cours des années. Ils ont activement participé au développement de la sophrologie. Grâce à Jeanne-Lou, Ricardo, Claudia, Raymond, Marlyse, Jean-Marie, Jacques, Marcelin, Guy, Jean-Pierre, Marie-Jeanne, Eveline, et j'en passe, des vocations sont nées. Nous avons entendu à plusieurs reprises cette remarque : *« Je me réjouis de mettre en pratique ce que j'ai appris pendant ce stage, maintenant je vois mieux comment faire cascader mon vécu ! »* Merci de votre collaboration !

Nous avons permis à bien des amis de France, du Portugal et de Belgique de voler de leurs propres ailes ; mais que d'aide nous avons aussi reçue de nos voisins ! Ce n'est pas mesurable en quantité, mais en qualité.

Combien de fois Bernard est-il venu en Suisse nous apporter son éclairage sur un sujet nouveau : par exemple « Training Santé » ou « Les Valeurs » ou son approche sur la « Relation d'Aide » ? Il nous reste non seulement l'essence de son message, mais encore sa délicieuse façon de l'exprimer.

Michel est aussi venu plusieurs fois dans notre pays nous parler avec humour et conviction de « l'Emostress » ; ici, en plus de l'enseignement, il nous reste en bouche quelques traces de chocolat belge ! Et que dire d'Alicia qui nous a dévoilé tous ses secrets sur « le Sommeil » et la façon de s'y glisser sans tourment ? Ou encore de Patricia qui, dans de petits groupes, a partagé son approche de « l'Alliance sophronique » avec beaucoup de compétence ?

Nous avons énormément appris de ces chers voisins. Ce que nous avons particulièrement apprécié en eux, c'est leur fidélité et leurs encouragements au moment où nous étions malmenés ou mal-aimés dans le monde de la sophrologie. Une place de choix leur est réservée dans nos cœurs.

Paroles de sophrologues

Dr Joseph Borzykowski
Président du Conseil de Fondation de l'Académie Suisse de Sophrologie de 1994 à 2009

La sophrologie : un chemin de vie

L'homme est un chercheur de vérité. Toute notre vie se passe à la poursuite de cet Absolu qu'est la découverte de notre chemin personnel.
Pour certains, la voie est toute droite, ce qui ne signifie pas qu'elle soit facile, pour d'autres, elle est sinueuse et pleine de surprises quelquefois même agréables.

Mais quelle est donc cette vérité, objet de notre quête ?

A chacun sa réponse…

L'expérience qui fut la mienne en sophrologie m'a permis de remettre sur le métier et polir l'outil d'exploration de ma conscience que le Professeur Caycedo a mis au point et sans cesse perfectionné au cours des années écoulées. Je puis dire que la méthode est un instrument de précision dont la portée dépasse souvent ce que beaucoup peuvent imaginer en débutant dans cette discipline.

En effet, premièrement, la sophrologie est une discipline. Ce mot m'a longtemps été insupportable. Pour tout dire, je déteste la discipline. En fait, c'est lors d'une discussion avec Ursula Schminke, à l'époque vice-présidente de ce qui était alors le « Collège de Sophrologie », que j'ai réalisé l'importance de cette notion dans l'exercice de la sophrologie caycédienne. C'est donc par la pratique quotidienne et l'interrogation sur la vérité que j'ai pu petit à petit et, je dois l'avouer, plutôt cahin-caha, progresser un tant soit peu sur la voie qui, je l'espère, est bien la mienne !

C'est Guy Chedeau qui m'a balisé le parcours, qu'il avait déjà bien tracé lui-même, sur la façon dont, simplement, nous pouvions nous assurer de notre chemin de vérité. Il nous a proposé de laisser venir des idées sur ce thème lors d'une sophronisation de base répétée dans le temps et ensuite de réaliser une phénodescription, qui, parce qu'elle resterait personnelle, nous libérait de toute contrainte. Son contenu, livré en direct par notre conscience, devait être comparé à notre action quotidienne.

Cet exercice dépouillé permet de tracer au fur et à mesure un axe de la voie vers laquelle notre conscience profonde tend à nous emmener : notre chemin de vérité.

Naturellement, Raymond Abrezol fut aussi pour moi un sacré pousseur de wagons, lorsque, avec son charisme un peu « bulldozérien », il m'embarqua dans la Grande Famille, à ses côtés, m'assurant de son soutien sans faille. Et en effet, Raymond a toujours été là pour répondre à mes interrogations et pour proposer ses idées bien personnelles, sortant souvent tout à fait des chemins battus, ce qui convenait au mieux à mon esprit anti-mouton que certains qualifiaient de mauvais…
Devant son insistance à me présenter comme candidat à la présidence du Collège et connaissant son autorité naturelle, je lui avais répondu que je ne voulais pas être une « potiche ». Il m'a répondu que si je devenais une potiche, il me casserait vite fait ! Tant va la cruche à l'eau…
Lors des inoubliables séances d'hilarothérapie, c'était ce même Raymond qui nous faisait rire en égrenant son : *« Je te tiens, tu me tiens par la barbichette, le dernier qui rira est une tapette ! »* Et c'était parti pour se tordre les côtes pendant une heure.

Edith Schwaar a toujours été une oasis, car nous nous trouvions souvent au milieu du désert. Les difficultés n'ont pas manqué, bien sûr, et nous avions constamment besoin de ce réservoir de bon sens qui a souvent étanché notre soif de sérénité, laquelle fut à plusieurs reprises bien mise à mal par les cas hauts à Cuba… euh, les cahots et coups bas. C'est la vie !
Quant à Pierre Schwaar, il a constamment été le chameau qui permet de traverser ces fameux déserts. Non pas un chameau en tant qu'animal de mauvaise compagnie, mais, tel un vaisseau résistant aux tempêtes et à l'aridité des sentiments, il fut toujours la personne qui présentait des solutions dans les cas les plus épineux, genre cactus, (les cas, pas Pierre !) qu'on trouve plus qu'on ne le désire dans ces contrées.

Charles Schaeffer et son humour pince-sans-rire qui nous pinçait et nous faisait rire : revenant de je ne sais plus quelle séance de comité, je lui expliquais tout en conduisant à une vitesse prohibée toutes les originalités et finesses que j'avais apprises sur la conduite automobile d'un professeur d'auto-école sophrologue, lorsque je me fis photographier par un radar. Charles me flasha d'un sobre *« Je vois ! »* qui me fit instantanément saisir la vanité de mes raisonnements.
C'est le même Charles qui, lors d'une démonstration osée de son véhicule tout-terrain me répondit lorsque je lui demandai : *« Et si elle se renverse sur le toit ? » « N'aie pas peur, ça reste une 4 roues motrices »*. Un jour qu'il m'avait emmené faire un tour dans son petit avion (car il pilotait), il agrémenta le vol de ce commentaire : *« Voir les choses de haut, ça repose. »*

Le plus beau souvenir de mon fils aîné revenant d'un séminaire jeunesse avec Ricardo et Claudia : *« Qu'est-ce qu'on a fait comme batailles d'oreillers avec Ricardo ! »*

Ce texte n'est en fait qu'un… prétexte à égrener quelques souvenirs émus pour distraire sans prétention ceux qui nous ont lus jusqu'à présent et qui nous lirons peut-être dans le futur.

Car c'est aussi cela la sophrologie : l'amitié, la rigolade et l'émotion d'un vécu – que dis-je d'une vivance ! – sans l'entrave de notre mental souvent trop étroit pour profiter de ces moments hors du temps qui sont autant d'aires de repos sur notre chemin de vie.

Ariel Pierre Haemmerlé
Formateur d'adultes FSEA1, master spécialiste en sophropédagogie

The sophro road show

Lorsque j'avais 22 ans, à peine revenu à Genève, majeur et libre, je me suis rué sur des cours de yoga. Après divers professeurs, j'ai, un jour de 1972, atterri un peu par hasard chez Eddy Cornaz. Auprès de lui, j'ai pratiqué pendant de longues années. J'aurais volontiers aimé devenir professeur de yoga, mais la configuration de mon bassin et de mes genoux ne me le permettait pas.

En automne 1977, Eddy m'a parlé d'un séminaire d'une nouvelle discipline appelée sophrologie donné par un certain Raymond Abrezol dans un hôtel à Glion… et j'y allai. Le contact avec Raymond était immédiatement très intense. Les portes qu'il m'ouvrit alors ont représenté un pas important dans ma vie. Après un deuxième séminaire public, où je devins aussi plus familier avec les Schwaar, j'avais envie de faire la formation de sophrologue. Hélas, ce n'était pas possible, car à l'époque, elle n'était ouverte qu'aux professions médicales et paramédicales. J'étais enseignant de langues et de musique ainsi que traducteur.

Un ami indien m'a alors fait rencontrer un Genevois qui donnait des cours de relaxation du type « training autogène ». Après quelques semaines, constatant mes préalables, ce dernier m'a engagé comme moniteur de relaxation. C'était toujours ça de pris. Pendant quelques années, je fonctionnai ainsi à côté de mes autres cours. Ensuite, dès 1979 et pendant vingt-deux ans, j'ai donné des cours de relaxation, puis de sophrologie caycédienne à Ecole & Quartier Versoix où j'avais par moment plus de cinquante élèves par semaine.

En 1994, j'appris que la sophrologie avait déployé une aile pédagogique et que la formation était maintenant ouverte aux professions non médicales.

De plus le Professeur Caycedo, dans le cadre d'une amnistie générale, recevait dans ses séminaires toutes les personnes refusées auparavant. Devinez ce que je fis ! Après avoir terminé mon master spécialiste avec lui, et pour être conforme avec l'école suisse, j'ai rattrapé les séminaires de base suisses et l'examen… et me voici un vrai sophropédagogue.

En 1995, j'ai développé des cours et séminaires de sophrologie et de gestion du stress, puis ai décroché un premier grand contrat auprès des Transports publics de Genève. Ces séminaires pour les conducteurs étaient parmi les cours préférés de leur catalogue. Hélas, après quelques années, par manque de personnel, ces séminaires ont été supprimés. Un conducteur dans un séminaire n'est pas derrière son volant… Quelle courte vue !

Comme moyen pédagogique, bien avant l'existence d'un logiciel de présentation, j'utilisais déjà depuis 1995 des diaporamas sur ordinateur que je projetais sur un téléviseur. Cela était très apprécié par de nombreux participants. Dans d'autres séminaires, de rares personnes réfractaires à la modernité n'étaient pas enthousiastes. Aujourd'hui, au moins pour les interventions dans les entreprises, c'est un must incontournable. Avais-je raison un peu trop tôt ?

A cette époque, un consultant d'une grande caisse maladie suisse a pris contact avec moi pour me proposer de donner des conférences, cours et séminaires dans les entreprises clientes. Avec lui, nous avons sillonné la Suisse jusqu'à Coire. Par moment, c'était presque comme un *road show.* Il ne nous manquait plus qu'un camion semi-remorque pour passer de ville en ville comme un cirque. Que d'heures joyeuses nous avons passées ! Et quel honneur pour moi d'initier des centaines de personnes à la sophrologie et à une meilleure respiration ! Souvent, les participant-e-s auraient, ensuite, volontiers suivi un cours, mais en Suisse alémanique il n'y en avait pas toujours dans leur localité et l'Académie ne trouvait pas moyen d'en mettre sur pied.

Une fois, ce consultant avait organisé une journée de santé dans une boucherie industrielle près de Fribourg et près de St-Gall. Tous les employés pouvaient alors passer d'un stand de diététique à un stand d'ergonomie, et plein d'autres choses. Ma tâche était de donner une conférence sur le stress de vingt-cinq minutes toutes les demi-heures à des bouchers et manutentionnaires qui ne parlaient pas toujours très bien le français ou l'allemand. Ainsi, en une journée, douze groupes d'une vingtaine de personnes ont défilé pour recevoir quelques idées de base sur le stress et la respiration et pour vivre une petite introduction à la sophrologie, en position assise. Entre deux séances, j'avais juste le temps de ramasser quelques bouts de boyaux qui s'étaient décrochés des bottes des participants.

Un jour, j'ai pu intervenir devant un parterre de deux cent cinquante infirmières à la Salle Stravinsky de Montreux. C'est le plus grand groupe avec lequel j'ai eu l'opportunité de travailler. Quelle dynamique de groupe pour faire une introduction à la sophrologie et à la bonne respiration !

Encouragé par Raymond Abrezol et le consultant cité, j'ai, en 1999, produit un CD avec des exercices pour arrêter de fumer. Ayant obtenu le soutien de l'Office fédéral de la santé publique, je l'ai fait dans les trois langues nationales et en anglais. Mais le corps médical l'a assez mal reçu. Pour trop de médecins encore, il n'y a que les poudres qui puissent guérir. Changer quelque chose dans la tête, non mais, ce n'est pas possible ! Une enquête de l'Institut de médecine sociale et préventive de l'Université de Genève, commandée par l'OFSP, a pourtant démontré que le taux de réussite était à peu près identique à celui des autres moyens pour arrêter de fumer. Toutefois, le maigre livret accompagnant le CD m'avait toujours semblé insuffisant. Alors, j'ai commencé à approfondir le sujet et, en 2006, j'ai publié un livre de cent cinquante pages qui accompagne le CD. Le diffuser dans les librairies demanderait par contre un trop grand investissement. Alors je le vends sur mon site www.ah-c.ch et dans les cours et séminaires.

En 1998, mis en contact par le célèbre arbitre suisse Urs Meyer, Raymond Abrezol avait tenu une conférence à l'UEFA sur la gestion du stress des arbitres de la Ligue des Champions. Les possibilités de la sophrologie les a hautement intéressés. Alors, l'UEFA a décidé de leur offrir un cours de sophrologie. Comme ces arbitres venaient de divers

pays, il fallait organiser le même cours dans quatre langues, donné par quatre sophrologues. L'Académie a alors appelé Gill Thévoz, Ermanno Galfetti, Eric Vandevelde et moi-même pour organiser cette action. Chaque année en février, les arbitres suivent un séminaire d'une semaine où ils sont testés sur leur forme physique et psychique et où ils reçoivent une formation continue. En février 2000, nous voici donc embarqués les quatre dans un hôtel au sud du Portugal. Nous avions préparé des transparents en quatre langues et devions prendre les quatre groupes linguistiques séparément.
L'année suivante, grâce à Ermanno Galfetti, nous avons aussi pu participer à la semaine d'entraînement des arbitres de la Ligue A suisse. Cela s'est déroulé en février 2001 sur l'île de Gran Canaria. Là aussi, nous avons pu apporter des techniques utiles à ces arbitres si sollicités. Dans tous ces séminaires, je pus constater que les arbitres sont des personnes très équilibrées, humaines et humanistes ! Rien à voir avec certains supporters !

Tout autre domaine, vers 2000, notre collègue Chantal Roy a désiré réorienter ses activités et elle m'a proposé de la remplacer aux cours à l'Ecole Club Migros de Genève. Ces cours-là, je les ai donnés jusqu'à deux ans au-delà de l'âge de retraite de la Migros, fixé à 62 ans. Les responsables ne s'étaient simplement pas aperçus de mon âge administratif, sinon, ils m'auraient demandé de passer le flambeau plus tôt. La sophro maintient !
En plus des cours du soir, j'y ai introduit des cours à midi que j'ai donnés au centre ville et à Balexert, car bien des gens rentrent le soir venu dans leur campagne et, fatigués, ne redescendent plus en ville pour des cours. Ainsi, des employés stressés ont trouvé une occasion de s'accorder un moment pour se faire du bien et se rencontrer à l'aide de la RDC 1. J'y ai aussi introduit des séminaires d'un jour le samedi qui marchaient si bien que l'Ecole Club de Fribourg les a aussi pris dans son programme.

En 2002, surtout comme support de cours, j'ai rédigé une première brochure sur la gestion du stress accompagnée d'un CD contenant des exercices d'introduction à la sophrologie, le tout en français et en allemand. La caisse maladie évoquée a trouvé cela une bonne idée et a fait une campagne auprès de ses assurés dans son bulletin. Nous en avons vendu un bon nombre. Ce texte, je l'ai ensuite étoffé et il est devenu le livre + CD *Mieux vivre avec le stress* paru en 2003, grâce à l'appui de Raymond, aux Editions Vivez Soleil. Quelque deux mille exemplaires ont trouvé preneur jusqu'au Canada. Malgré cela, les Editions Vivez Soleil ont fait faillite et ce fut la fin de l'aventure. Depuis, j'ai révisé ce texte et le vends sur mon site www.ah-c.ch ainsi que dans les cours et séminaires.

Une autre fois, j'ai été engagé à donner des conférences de cinquante minutes dans une chocolaterie industrielle près d'Aarau. Il s'agissait de vingt-quatre séances sur trois jours pour des groupes de 20-25 personnes. Ainsi, plus de cinq cents personnes allaient être mises en contact avec la sophrologie !
Les responsables de l'usine s'étaient demandé si je tiendrais le coup à ce rythme. Ils ne savaient pas que dispenser ces cours donnait de l'énergie ! Au milieu de l'après-midi du troisième jour, après la 24e séance, je n'étais pas fatigué, mais j'avais tellement d'énergie que ma tête était toute rouge. Cette fin d'après-midi-là, j'étais encore rentré à Carouge en voiture et avais participé au Conseil municipal (communal), puis suivi sa traditionnelle petite agape.
Depuis ce temps, j'ai envie de donner des cours de sophro le vendredi soir aux jeunes afin qu'ils tiennent le coup pour fêter jusqu'au petit matin !

En 2003, Chantal Roy voulait aussi se libérer des cours au Mouvement des aînés de Genève. Alors, je l'ai également remplacée là. Ce sont évidemment surtout des dames âgées, la moins jeune comptant maintenant quatre-vingt-huit printemps. C'est une expérience bien différente. Pendant des décennies, j'initiais des centaines de personnes à la sophrologie, puis je ne les revoyais plus. Dans ce cours-ci, les participantes pratiquent depuis des années. Cela demande une autre approche. Alors je fais à chaque fois un cocktail de RDC 1-6 que ces dames ne manqueraient pour rien au monde. Je les admire beaucoup, « mes petites dames », et elles me donnent beaucoup de joie. Alors je les garde encore un peu.

Mais que fait la police ! Vous le croirez ou non, la police fait de la sophrologie ! Dans le cadre de la formation des agents de police, l'Académie de police Vaud-Valais a, depuis 2008, ajouté à son programme quelques cours de sophrologie. En effet, dans ce métier plus que dans nul autre, les moments de tension, d'énervement, de violence même sont fréquents. Alors quoi de plus normal que de donner à ces futurs agentes et agents des outils précis qui leur permettent de mieux gérer ces moments difficiles. Ainsi, ensemble avec Ricardo Lopez, nous sommes intervenus dans le cursus de leur formation pour trois volées déjà. Nous avons pu constater la grande satisfaction des aspirantes et aspirants. Plus encore, les évaluations très pointues faites par l'Académie de police après ces interventions ont montré, là encore, que, sauf pour quelques rares personnes peu enclines à cette approche, les résultats de cet entraînement sont très appréciés et les bénéfices immédiats.

Une autre intervention a eu lieu à l'aéroport de Genève en septembre 2009. Plus de dix millions de passagers arrivent et partent d'ici par an avec moult valises de toutes les formes et couleurs. Qui s'en charge ? Le personnel de trois compagnies qui comptent en tout quelque deux mille quatre cents collaboratrices et collaborateurs. Dans le cadre de la sécurité et de la santé dans l'entreprise, nous avons pariticipé à quatre séances de deux heures par jour pendant vingt-deux jours avec un module « Relaxation rapide » de la sophrologie, donné au nom de notre Académie par Christian Turkier et moi-même. Quelque sept cents personnes ont participé, presque toutes ne connaissant la sophrologie que par ouï-dire. Elles étaient ravies d'apprendre d'une part ce qu'était vraiment la sophrologie caycédienne, mais surtout, d'autre part, de découvrir par la pratique les premiers exercices de la RDC 1 et leur effet. Selon les impressions recueillies à la sortie et un questionnaire à remplir à la fin, plus de 90 % des participants ont tiré un grand bénéfice de cette découverte.

A travers toutes ces années, mon évolution personnelle a inévitablement aussi été accompagnée par la sophrologie. Pour bien conduire une séance, il faut la pratiquer soi-même en même temps. Cela a constitué un formidable processus de nettoyage de l'inconscient. Les psychopathes ne disent-ils pas de nous que nous sommes simplement des normopathes ? Alors, grâce à la méthode Caycedo, à travers les années de pratique, je suis, je l'espère, devenu un peu plus équilibré et harmonieux. Reste à travailler la remise à sa place de l'ego, thème qui gagnerait à être traité davantage dans ladite méthode.

Tant d'expériences mériteraient encore d'être contées. Maintenant que je suis soi-disant à la retraite, je me consacre davantage à d'autres occupations. Il faut aussi savoir lâcher prise et passer le flambeau.

Marlyse Hauser
Sophrologue, master spécialiste

On développe une richesse qui ne se monnaie pas !

Les femmes enceintes, c'est un peu comme les hommes avec le service militaire, elles ne racontent que des bêtises ! Il faut changer ces croyances, faire prendre conscience aux femmes qu'elles ont des ressources inouïes pour ce qui reste un effort, un marathon. Pour moi, faire un enfant, c'est comme escalader le Salève, aller et retour, sans s'arrêter. Or, la sophrologie nous donne des outils merveilleux et puis, qu'y a-t-il de plus beau pour un sophrologue que d'accompagner une future maman ?

Ce job a été essentiel dans ma carrière. Suite à ma propre expérience, à mon bébé sophro, lequel – ou plutôt laquelle ! – ne serait peut-être pas de ce monde puisque, j'avais fait cinq fausses couches avant elle. Ma fille a 33 ans aujourd'hui.
Pour venir à terme de cette grossesse, je suis restée couchée sept mois. Heureusement, on m'a amené la sophro à la clinique : une amie venait tous les jours m'aider à me détendre et j'ai ainsi pu réduire une médication très lourde. Pendant tout ce trajet, j'ai fait de la sophro spontanée en inventant des petites histoires, des projections dans un futur gagnant, des visualisations.

Ce vécu, j'ai eu envie de le partager avec d'autres femmes. C'est ainsi que j'ai commencé une formation au Centre pédagogique de Genève. Raymond Abrezol était déjà dans le domaine mais je n'en avais jamais entendu parler. C'était en 1977. Raymond Abrezol, en revanche, avait entendu parler d'une certaine Marlyse. On m'a rapporté qu'il ne considérait pas mon travail comme très scientifique. J'ai donc entrepris la formation officielle : le premier contact avec Raymond n'a pas été fabuleux mais il est vite devenu un très cher ami. J'ai fait cette école avant tout pour être reconnue ; plus tard, j'ai suivi les formations de master avec le Professeur

Caycedo, en Andorre – ceci pour être totalement à jour selon les critères. On a besoin de ses recherches, seulement je les utilise comme des fondations sur lesquelles je construis ma maison.

A côté des bébés, des ados et des couples, je m'occupais aussi de sportifs de l'extrême, notamment l'alpiniste Benoît Chamoux. Un jour, je lui ai demandé pourquoi il venait me voir depuis Paris, alors qu'il était allé tellement loin au niveau spirituel. Il m'a simplement répondu : *« Je viens chercher ton harmonie. »* Après, j'ai reçu les sportifs du Bout-du-Monde, centre sportif genevois. C'est-à-dire les athlètes.

Infirmière sage-femme à la base, j'ai fait tous les séminaires, les examens. J'ai aussi ouvert mon cabinet à Genève, il y a vingt-cinq ans. Un médecin rebouteux, chiropraticien, m'envoyait des gens pour qu'il puisse mieux les torturer ensuite : ils étaient plus souples et plus confiants ! J'ai donné des séminaires, avec Raymond, jusqu'en Autriche ! J'ai suivi des formations continues, plein de choses comme ça…

Je ne me sentais pas seule mais – comment dire ? – sur une autre planète. Je trouvais que tout ce qui se passait autour de la sophro était compliqué, bourré de conflits internes… Dans les assemblées, ça réagissait violemment pour des bêtises. Depuis le début, le milieu de la sophro a vécu des problèmes de pouvoir. Il faut dire que Raymond, à la fois tellement pacifique et tellement fier de ce qu'il était, se prenait un peu pour Dieu, ou plutôt pour celui qui vient tout de suite après Dieu. Ça ne me dérangeait pas, je voyais l'homme avant tout, avec ce côté : faites ce que je dis, pas ce que je fais. Bref, j'ai passé tant de temps avec lui, notamment en montagne… c'était toujours enrichissant pour les deux.

J'ai vu évoluer la sophrologie à travers moi, surtout, à travers des changements qui se sont faits dans ma vie – notamment avec une formation en approche centrée sur la personne, de Carl Rogers, qui m'a beaucoup aidée pour aller dans le vrai, l'essence de la vie. J'ai également suivi une formation en hypnose ericksonienne avec Jean Gaudin. Mais pour moi, ce qui est fondamentalement important pour le thérapeute, c'est le non-jugement, c'est le cœur, c'est l'authenticité. Pour un échange vrai, pas besoin de hautes études scientifiques. Bien sûr, il faut une base, une construction, mais l'essentiel se travaille seul. La sophrologie, c'est « donner inconditionnellement ».

Certes non, on ne fait pas fortune avec ce métier ! On ne devient pas riche mais on développe en soi une toute autre richesse, qui ne se monnaie pas… qui se partage.

Maud-Catherine Cornu
Sophrologue, master spécialiste
Co-responsable du Sophro-Centre de Neuchâtel

J'ai envie de dire aux jeunes sophrologues : « Allez-y, foncez ! C'est une philosophie extraordinaire ! »

Spontanément, un très beau souvenir me vient en tête. Un jour, une jeune femme se présente chez moi, très désemparée. Elle avait besoin d'aide pour se présenter à un examen de brevet de notaire, une deuxième et dernière tentative possible. Comme si ça ne suffisait pas, son père était très malade, d'un cancer. Toutes deux, nous avons décidé d'avancer, tant et si bien qu'elle n'a pas annulé sa candidature quand son père est décédé, ce qu'elle aurait pourtant eu le droit de faire. Je lui avais enregistré un CD de sophrologie qu'elle écoutait trois fois par jour… Durant ses examens, elle est même remontée chez elle entre midi et deux heures pour pratiquer. Elle a passé son brevet…

Si je reviens bien quelques années en arrière, je réalise que je n'ai jamais cessé d'avancer, d'évoluer. Au départ, j'avais suivi une formation de physiothérapeute, puis d'« eutoniste » : un travail sur la relaxation, la respiration. J'aidais de futures mères à accoucher, à la maternité de Lausanne. Il me semblait, pourtant, qu'il manquait une dimension à ma technique. Et cette dimension, je l'ai trouvée, un jour de 1978, en suivant un cours de formation donné par Raymond Abrezol et Jean-Pierre Hubert. Le cours durait quatre jours mais ça a suffi pour que je devienne un être différent.

Et j'ai continué. A l'époque, la formation de base se donnait en quatre cours de quatre jours. C'était l'été, il faisait chaud, nous vivions nos pratiques aux Rasses, dans la nature. Les filles étaient en soutien-gorge, les garçons torse nu. Un jour, j'ai vécu une expérience plutôt cocasse : en sortant de ma technique, où j'étais en parfaite harmonie avec moi-même, j'ai réalisé que j'étais assise sur une fourmilière ! Je n'avais rien senti, tellement j'étais bien !

Après ma formation, j'ai beaucoup travaillé avec Marguerite Athanasiadès, une sophrologue et psychologue qui m'a énormément aidée, notamment sur des questions existentielles. Avec elle, j'ai fait une thérapie. Avec Raymond, elle avait ouvert le premier centre de sophrologie à Lausanne. C'était une ambiance très *cocooning.* Et c'est là que nous avons travaillé les sons. C'était extraordinaire ! Il faut dire que la sophrologie était en pleine élaboration et que, faute de « systèmes* » qui n'existaient pas encore, j'utilisais les *chakras,* avec leurs couleurs, pour que ça parle aux gens… Avec l'eutonie, j'avais découvert la dimension psychologique qui manquait à mes études de physio, avec les « systèmes » caycédiens, je trouvais toute une dimension interne, celle des organes, de la physiologie.

Assez vite, j'ai donné des cours. Pendant très longtemps, j'ai loué une salle à l'année au Centre professionnel pour les apprentis du bois et du bâtiment, chez moi, à Colombier (NE). J'avais régulièrement entre quinze et vingt personnes. En parallèle, je recevais des patients dans mon cabinet où je continue à faire ce que je fais depuis toujours : des techniques de physio, les relaxations de base. J'ai traité, avec des pratiques sophrologiques, un nombre incalculable de pathologies lourdes comme des scléroses en plaques, des parkinsons… J'ai gardé des patients durant plusieurs années, ils sont devenus des amis.

Et puis, avec Jeanne-Lou, nous avons créé le Sophro-Centre de Neuchâtel ! Il faut dire que nous avions fait notre école de physio ensemble, côte à côte : nous étions les deux Neuchâteloises exilées à Lausanne ! Ensuite,

* Le Professeur Caycedo a divisé le corps humain en cinq systèmes, chaque fois autour d'un centre d'intégration qui correspond à une glande ou un organe essentiels (hypophyse, thyroïde, thymus, pancréas, gonades).

nous nous sommes perdues de vue et retrouvées dans un cours de formation sophro, alors qu'elle était enceinte.

Après la formation de base, j'ai enchaîné sur les deuxième et troisième cycles avec le Professeur Caycedo. Au début, en 1992, c'était encore à Barcelone et c'est à ce moment que j'ai fait la connaissance de Natalia Caycedo qui était alors une très jeune femme. En 2000, le Professeur m'a appelée pour monter sur la fameuse scène d'Andorre, à l'époque dans la salle à manger actuelle de l'Hôtel St Gothard. La question fondamentale du Professeur Caycedo, c'était: *« Pourquoi n'étais-je pas allée le voir durant tant d'années ? »* Réponse: *« Mais Professeur, il me faut du temps pour digérer les techniques ! »*

Dans ma carrière de sophrologue, j'ai aussi beaucoup travaillé avec des sportifs: du football à la nage synchronisée, en passant par l'attelage! Dans notre Centre, nous avons adapté beaucoup de choses, aussi, pour enrichir la sophrologie: des massages analytiques, du yoga… J'ai eu la chance de suivre toute l'évolution de la méthode Caycedo et je trouve que les techniques d'aujourd'hui sont beaucoup plus rapides, plus faciles à assimiler. J'ai l'impression que les personnes captent mieux les choses qu'il y a trente ans, qu'elles sont plus ouvertes. Elles ont envie d'avancer, d'évoluer, alors qu'avant, la sophrologie avait une dimension un peu « magique », ce que je n'aimais pas du tout. Moi, avec mes patients, je passe une sorte de contrat moral: je vous donne un outil, mais à vous de l'utiliser!

En conclusion, j'ai envie de dire aux jeunes sophrologues: *« Allez-y, foncez ! Vous avez dans les mains une technique qui a fait ses preuves et une philosophie extraordinaire. »*

Jacques Staempfli
Sophrologue, master spécialiste

Sophro sport : quelques histoires, comme un diaporama !

C'est dans les années 80 que j'ai découvert la sophrologie, par le biais du sport. Je jouais alors avec le Volleyball Club Ecole Normale Porrentruy et j'étais très motivé par ce sport, un vrai passionné ! J'adorais jouer au poste de passeur, ma petite taille d'un mètre quatre-vingt-six ne me permettant pas de briguer un poste d'attaquant. Mais au volley, le passeur est en quelque sorte le créateur du jeu de son équipe… Ça me convenait parfaitement.

Si dans le jeu je me débrouillais bien, j'avais pourtant des soucis avec les arbitres. Le volley en était à ses balbutiements dans notre région et les arbitres, comme les joueurs, étaient loin d'atteindre des sommets, même s'ils étaient installés en hauteur… Entraîneur-joueur de mon équipe en 1ère ligue nationale, je me faisais régulièrement avertir et remettre à l'ordre par des cartons jaunes. Je perdais ainsi beaucoup d'énergie.

C'est alors que mon excellent ami Jean Muller, un pionnier de la sophro en Ajoie, me dit un soir de match peu brillant : *« Dis Jacques, tu devrais faire de la sophrologie ! » « C'est quoi c'truc, ça s'mange ? »* Le bon Jean ignorait sans doute, tout comme moi, qu'il venait de planter une graine qui allait mûrir pour me conduire sur un chemin magnifique, lumineux…

Après un cours public dirigé par Meili Klein (un rayon de soleil sur mon chemin), je me suis inscrit à la formation de sophropédagogue où Raymond Abrezol allait me transmettre le virus…

J'ai tout de suite appliqué les techniques apprises, histoire de voir si j'étais capable de tolérer enfin les arbitres. Quelle découverte ! Non seulement les arbitres ne me dérangeaient plus mais, surtout, mon jeu s'améliorait : meilleure anticipation, meilleure vision du jeu, une énergie positive incroyable, une rage de vaincre à toute épreuve – même dans la défaite –, une capacité à reconnaître les bonnes performances de mes joueurs, et la supériorité des autres. Superbe rencontre avec la sophrologie ! D'où mon immense reconnaissance à mes amis Jean Muller, Meili Klein et bien sûr Raymond Abrezol.

Ce que je n'avais pas prévu, c'est qu'après avoir suivi la formation, j'allais être sollicité pour animer des séminaires jeunesse à Delémont avec d'autres sophrologues. Lors d'un de ces séminaires, je rencontrai une passionnée de tir sportif au petit calibre à cinquante mètres et championne jurassienne, Valérie. *« Dis-moi pas que le tir, c'est un sport… » « Bien sûr que si, Jacques, tu ne te rends pas compte de l'énergie et de la concentration qu'il faut pendant un concours. La sophro nous serait précieuse… tu viens nous donner un cours ? »* Je me suis donc retrouvé face aux tireurs sportifs de l'équipe jurassienne ! Des filles et des gars magnifiques, motivés et curieux des techniques sophro. En fin de compte, ils se sont tous améliorés.
Je garde de cette aventure des souvenirs très sympas. Lors d'une séance d'entraînement, au stand, nous avons pratiqué quelques techniques dynamiques. C'était juste avant le concours, histoire de les préparer à l'événement. A un moment donné, je me rends compte qu'un jeune tireur, en train de faire sa série debout, ne fait que des 10. Soudain, il se retourne, et me lance : *« Eh, Jacques, mais je fais que des 10… ça m'fout les boules ! » « Eh gars, t'inquiète pas, c'est pour ça qu'on a travaillé, non ? »*

Un jour, voilà que se pointe chez moi un jeune espoir du volley suisse. Je suis à la fois impressionné et très motivé pour l'accompagner dans sa démarche, d'autant qu'il a peur de commettre une faute à chaque fois qu'il entre en jeu : il est alors immédiatement remis sur le banc. Après un travail sur la confiance en soi et la visualisation positive de son match, Joël va ainsi accomplir d'immenses progrès pour assurer sa place dans son équipe.

Ce n'était pourtant pas gagné d'avance quand, venant de Lausanne, il s'endormait dans le train et ratait la gare de Moutier ! Reste que, cerise sur le gâteau, il a fini capitaine de l'équipe suisse !

Le skater hockey, un sport de brutes ? Que nenni. C'est un sport comparable au hockey sur glace, sauf qu'il se joue à quatre joueurs de champ, un gardien et deux arbitres sur la piste. Avec le Skater Hockey Club de Rossemaison, qui n'avait plus gagné de trophées depuis des années, j'ai eu le bonheur de participer à la finale de la coupe de Suisse. Et de la gagner ! J'avais non seulement préparé l'équipe mais donné des envies de sophro à certains joueurs (bien sûr, d'autres n'avaient pas besoin d'un « psy »...) Je me souviens qu'à une pause, un joueur vint vers moi : *« Ecoute Jacques, je suis tendu, c'est pas croyable, j'arrive pas à me décrisper, il me semble que tout mon corps est comme bloqué ! »* Je le pris donc à part et pratiquai avec lui des techniques de base sur un mode très sportif et il sembla se décoincer. En effet, c'est lui qui, à la reprise du match, ouvrit le score !

Avec le Skater Hockey Club les Wolfies, de Courroux, j'ai vécu une autre super-expérience ! L'équipe se traînait en queue de classement, le nouvel entraîneur m'appelle au secours. Nous échouerons d'un cheveu l'ascension en ligue A, mais quel plaisir pour ces « Loups » de renouer avec le succès !
Avec eux, j'ai utilisé une technique toute simple mais très efficace... J'ai axé leur préparation en prenant leur nom comme emblème. « Le loup n'est rien sans la meute, mais la meute n'est rien sans le loup ». La version animale du « un pour tous, tous pour un » des mousquetaires, en somme...
La difficulté principale de ce sport, c'est le temps de concentration : un match peut durer deux heures, voire davantage. Deux heures durant lesquelles l'équipe doit rester fidèle aux consignes, rester solidaire, rester calme face aux attaques et provocations de l'adversaire, respecter les arbitres, récupérer entre deux offensives... Et l'équipe semble apprécier ma présence : *« Ça fait du bien d'avoir une personne calme sur le banc ! »*

Voilà donc quelques-unes de «mes» histoires en sophro sport. J'écris «mes», car j'ai bénéficié de l'aide précieuse et attentive de mon ami André Grobéty, lui aussi super-sophrologue et ancien sportif d'élite. Ses encouragements, sa présence, m'ont permis d'approcher les sportifs avec respect et confiance, des sportifs qui, eux, m'ont tant appris de leur côté, et m'ont donné tant de bonheur quand ils nous faisaient le cadeau de gagner, ou tout au moins d'avoir pu donner le meilleur d'eux-mêmes !

Jeanne-Lou Haeberli
Sophrologue, master spécialiste
Co-responsable du Sophro-Centre de Neuchâtel

Animer, ça, je sais faire !

J'ai surtout envie de parler de professionnalité. A savoir, qu'est-ce que c'est que la sophrologie exactement ? Qu'est-ce qu'elle m'a apporté dans ma vie, dans ma profession de base, la physiothérapie ? En quoi la méthode Caycedo a-t-elle modifié ma façon de soigner ou même d'aborder les autres ?

Je crois que la sophro m'a permis, ou même poussée, à travailler avec les personnes d'une façon plus globale. Souvent, les gens viennent chez moi avec une douleur précise, localisée, mais avec leur propre vision des choses, du problème. Je vais donc travailler avec eux sur la totalité de leur individu, je vais leur apprendre à se détendre eux-mêmes avec nos outils, si simples et si efficaces.

Comme physio, j'utilise le massage global, du corps entier. Je bosse sur le lâcher prise, sur l'éveil de la conscience du corps. J'invite l'autre à se sentir, se ressentir, comme jamais il ne l'avait fait, ce qui me permet aussi de recevoir quelque chose du patient, de l'ordre du non-verbal, du non-contrôle. On accueille simplement ses douleurs, ses tensions mais aussi son bien-être. Séance après séance, on avance ainsi dans la phénoménologie : un outil qui m'a profondément marquée. A chaque fois, à chaque instant, on observe ce qu'il se passe, tant au niveau de la relation entre le patient et moi, qu'au niveau de son rapport à la vie, de son existence – d'où une large place, aussi, à l'entretien, toujours dans le phénomène. J'observe ce que le patient me raconte, je l'y pousse même, mais davantage dans le corps, le non-verbal, le corporel, le ressenti. Il m'arrive ainsi de vivre des séances dans le silence le plus total ! Je me contente d'orienter mon patient dans sa détente, sa respiration…

J'ai découvert la sophrologie il y a déjà un bon bout de temps ! C'était en 1984 et j'étais au septième mois de ma troisième grossesse. Je participais à un congrès de physiologie et il se trouve que la sophrologie y était présentée. A la sortie, des formulaires étaient à disposition pour s'inscrire à un stage. Curieuse de nature, je me suis dit que j'allais essayer, pour faciliter aussi mon accouchement. Mais j'ai découvert bien plus ! Immédiatement, j'ai eu l'intuition que la sophrologie allait m'apporter une incroyable ouverture. Et je n'ai plus jamais arrêté.

J'ai fait ma formation aux Rasses (à l'époque !), avec Jean-Pierre Hubert et Raymond Abrezol. J'ai pris beaucoup de temps, quatre ans, pour suivre cette formation et j'ai été la première à passer des examens, ce dont je me réjouissais parce que ça m'obligeait à travailler. Puis j'ai mis quatre ans, encore, pour faire mon mémoire. Quelle magnifique aventure puisque j'ai travaillé avec des personnes handicapées mentalement. Je l'ai fait en duo avec Catherine Paquier, sophrologue bien sûr et psychologue de formation. Entre elle et moi, c'était un peu la tête et les jambes !

Après, les choses se sont enchaînées d'elles-mêmes. Au départ, il n'était pas question pour moi d'aller en Andorre : je faisais même de la résistance. Et puis un jour, je me suis laissé entraîner par un groupe d'amis qui s'y rendait. Mais je ne me suis pas arrêtée là : j'ai suivi cinq ou six universités d'été où je n'apprenais pas grand-chose, où on se retrouvait confronté à des conflits d'écoles, mais où on y retrouvait des gens ; c'était quand même assez valable... Et puis un jour, j'ai demandé à un collègue comment on faisait pour ouvrir un centre de sophrologie. Il a été formidable, me disant : *« Fais-le ! »* Je me suis donc approchée de Maud-Catherine Cornu, on a monté un programme les deux, on donnait des cours à tour de rôle. Ça fonctionne toujours. Depuis 1998.

Si j'essaie de définir mon boulot, je dirais que je suis restée fidèle à l'enseignement de base. Ce qui m'intéresse surtout, ce sont les premiers pas dans la sophro, les relaxations de base, les cours d'introduction. J'adore accompagner les gens dans cette première démarche, ce premier apprentissage : la concentration sur le corps, la respiration, le lâcher prise, l'action positive... J'ai trouvé que les « systèmes » de Caycedo avaient beaucoup apporté à la méthode et ramené dans la dimension corporelle des sophrologues qui étaient peut-être trop partis en direction de l'imaginaire, de la visualisation. Quand on travaille dans la dimension corporelle, on a une assise, des racines: la personne peut se détendre sans jamais risquer une sorte de dissolution de la pensée.

Jamais je ne suis allée au-delà de la RDC 8 avec mes groupes, c'est-à-dire au-delà du cycle radical. Je pense néanmoins pratiquer le cycle existentiel à ma manière, à travers la danse africaine. Encore et toujours, je me situe dans le corps. Avec mes patients handicapés mentaux, j'ai été forcée d'apprendre comme ça, avec des mots très simples, des gestes surtout. Il m'est arrivé de faire des relaxations sans dire un mot, montrant simplement à l'autre ce que j'attendais de lui. Ça marchait très bien.

Dans ma pratique de tous les jours, je travaille avec des gens que je dirais ordinaires, qui n'ont pas de problèmes particuliers, outre les angoisses classiques d'une mère de famille, d'un étudiant, d'un gosse... Et je travaille dans le monde du handicap, avec des adultes qui ont l'âge mental de petits enfants. Mais cette personne, si elle ne comprend rien, elle peut ressentir, elle peut vivre les choses. Elle me dit simplement: *«Je me sens bien.»* Et je vois son visage qui change, je vois un sourire, une lumière qui s'allume dans ses yeux. J'observe, je suis complètement dans le phénomène.

D'un point de vue plus personnel, je suis et je reste totalement et farouchement indépendante, même si je travaille deux après-midi par semaine, au centre «Les Perce-Neige», aux Hauts-Geneveys. J'y travaille depuis vingt-cinq ans avec des handicapés physiques et mentaux de 18 à 70 ans.

Aujourd'hui, je trouve que les jeunes sophrologues sont super. Ils ont une bonne compréhension de la corporalité. Ce qui me gêne un peu, c'est qu'ils utilisent beaucoup le jargon sophro: j'ai toujours préféré rester dans un langage usuel, ordinaire, ouvert à tous. Mais c'est vrai qu'il faut du temps pour apprendre le vocabulaire spécifique de la méthode Caycedo et du temps ensuite pour le traduire. N'empêche que je suis souvent émue par leur démarche, leur envie de découverte, tout comme je suis passionnée par les éléments de base de la méthode. Sans cette base, on ne peut rien construire. L'important est d'observer la plus large ouverture d'esprit possible pour s'investir dans cette technique particulière, pour changer, évoluer, grandir…

Je ne me fais pas de souci pour l'après Abrezol. Il y aura forcément des gens qui auront envie de continuer, d'enseigner. Moi, j'ai le même vœu pieux depuis toujours; qu'on me laisse tranquille, et que je puisse continuer mon travail de terrain, mon travail de fond. En même temps, j'espère que plein de jeunes sophrologues se forment. Et je ne suis pas contre le fait d'y participer, tant que je me sens à l'aise. A Neuchâtel, j'aimerais bien développer plein de cours différents. Et j'apprécie énormément l'animation des GRETS (Groupes Régionaux d'Entraînement aux Techniques Sophrologiques), ces cours pratiques pour nos étudiants. Animer, ça, je sais faire !

Fatima Yerly-Ouali
Sophrologue, master spécialiste

Sophrologie ou l'art de se relier à soi-même

Dans ma pratique de sophrologue, j'ai accompagné et accompagne de nombreuses personnes, adultes ou enfants, qui ont de la peine à dormir.

Les troubles sont divers : endormissements difficiles, réveils fréquents (avec calme, agitation, angoisses,) ou sommeil avec cauchemars, agitation et fatigue au réveil, ou sommeil court, avec incapacité à se rendormir, alors que la personne a besoin de dormir davantage.

La première étape est de bien préciser la manière d'aller au lit : rituels, pensées, émotions et sentiments présents au moment de s'endormir.

Il est important aussi de savoir ce que la personne ressent de ses journées : son contexte de vie familiale, professionnelle, ses valeurs de vie, sa manière de faire sa place dans le monde, ses rêves, ses projets, ses représentations au sujet du sommeil, du repos, de l'action, de sa manière de se mettre en relation avec les autres et le monde.

Il est important de comprendre la manière qu'a la personne de se mettre en relation avec elle-même.

Il est important de connaître les médicaments et les méthodes que la personne utilise pour retrouver le chemin du sommeil.

Après récolte d'informations et de ressentis de la personne, je propose d'emblée des exercices pour entraîner la respiration, et chasser les tensions afin qu'elle puisse rapidement amener du calme dans son corps, son cœur et son esprit.

Dans un deuxième temps, je propose tous les exercices qui amènent et renforcent la confiance en soi et en la vie. Car, souvent fatiguées par les troubles du sommeil, les personnes sont sous tension, deviennent inquiètes et désécurisées.

Dans un troisième temps, je propose des séances axées sur le sentiment de sécurité.

Le travail peut être approfondi suivant les individus.

Pour les enfants, les séances sont plus courtes, adaptées à chaque âge. J'utilise des histoires, des contes, des exercices simples, et les changements sont souvent plus rapides que chez l'adulte.

J'ai constaté des points communs chez les personnes qui ont de la peine à dormir. Ce sont souvent des personnes qui ont l'habitude et le besoin de maîtriser les choses, d'avoir du contrôle pour se sentir bien, pour s'affirmer, faire sa place, se sentir en sécurité dans la vie. Ce sont souvent des personnes très actives, et/ou, avec des responsabilités importantes, vivant dans un système où elles se coupent de leurs émotions ou sentiments profonds.

Il s'agit aussi de personnes qui ont des peurs :
- peur suite à un événement marquant ;
- peur du lendemain, de la vie, de la mort ;
- peur de ne pas être à la hauteur, de ne pas être aimées, de ne pas en faire assez , de ne pas être elles-mêmes…

Ce qui amène, dans la durée, un déséquilibre intérieur.

La sophrologie permet réellement à la personne de se relier à elle-même, de découvrir et confirmer ce qu'elle a envie de vivre dans sa vie, ce qu'elle aime, ses valeurs.

Lors des séances, la personne va apprendre à trouver un rituel d'endormissement qui lui convient. Elle apprendra à s'installer en elle avec plus de confort et de paix, se relaxer et renforcer la confiance en ses propres capacités corporelles, affectives et mentales.

C'est en répétant les exercices que la personne pourra ressentir un réel changement.

Il arrive que la personne lâche les larmes, confie ses difficultés, ce qui lui pèse , ses peurs, ce qui lui permet de « vider son sac », lâcher des tensions, se sentir plus légère, accepter ce qui se passe en elle.

Pour certaines personnes, « lâcher prise » signifie : inconnu, insécurité, danger.

La sophrologie permet à la personne de se laisser aller dans sa vie, le jour et la nuit. Ce qui est intéressant, c'est que c'est la personne qui lâche, à son rythme, au bon moment.

Se laisser aller au sommeil correspond à lâcher ce qui n'est pas maîtrisable : on dort, on rêve, et ça se fait tout seul. C'est un phénomène inconscient.

Or, si l'on ne dort pas, on reste conscient, en état vigile, d'attention, on fait le guet, comme si l'on craignait quelque chose.

Or , la personne s'épuise et use son énergie (*burn-out,* dépression, etc...) Dormir est vital, c'est pourquoi, la sophrologie ancre son travail dans le corps essentiellement.

Le corps (constitué des organes, tissus, cellules, molécules) porte les sentiments, les émotions et les pensées de la personne.
Corps porteur des fondations de la vie : biologie, cœur, esprit et... son âme.

Par la sophrologie, la personne se ressaisit de tout ça et apprend à se laisser porter par la vie en elle et autour d'elle.

Claudia Sanchez et Ricardo Lopez
Sophrologues, masters spécialistes

Sophrologie sociale : le balcon de la méthode !

C'est quoi, la sophrologie sociale ?

Une branche de la sophro qui permet de renforcer les structures responsables de l'harmonie des individus composant une collectivité.

Nous considérons que la branche sociale de la sophro s'occupe de prévention. Elle étudie le terrain qui favorise l'application de ses méthodes et techniques afin de renforcer le capital santé d'un groupe et de la société tout entière à travers ses individus. Elle permet aussi d'observer les comportements, systèmes de pensée et valeurs qui favorisent ou mettent en danger cette harmonie de l'être au sein d'une société. Rappelons que l'être humain, en sophrologie, est perçu d'une manière globale. On parle de corps, d'esprit, d'âme, de conscience… le tout relié à un environnement. La sophrologie est inscrite dans un cadre existentiel, si l'on préfère.

Dans le domaine social et préventif, on la divise en plusieurs branches :
- *préventive et prophylactique :* elle est tout public (enfants, adultes, seniors) et destinée à apprendre les outils de base de la sophro ;
- *pédagogique :* domaine de la réussite scolaire, de la préparation des examens, et des enseignants ;
- *sportive :* méthodes destinées à l'amélioration des performances tout en gardant une vision humaniste du sport et de la compétition, ou dans la vie quotidienne ;
- *existentielle :* dimension touchant des étapes de la vie pour avancer en toute conscience et en donnant du sens à ce qui nous arrive ;
- *développement personnel :* application de la sophro dans les domaines de la connaissance de soi, la communication, le changement… et encore la précision de ses objectifs, la gestion de ses émotions.

Que peut-on dire de notre expérience ?

Si la sophrologie suisse devait avoir un signe identitaire, ce serait l'application ! Fruit du hasard ? Amour du concret ? Toujours est-il que la sophro sociale s'est épanouie dans ce pays grâce à la vision de Raymond Abrezol ainsi que de Pierre et Edith Schwaar. Cette vision a d'ailleurs été prise comme modèle dans le monde entier.

Notre première préoccupation, alors que nous étudiions la sophrologie à la faculté de Bogotá, c'était de l'appliquer de façon claire, simple et directe à un large public. A ce moment précis, des institutions se sont intéressées à nous et nous ont permis de réaliser des expériences très variées. Nous avons mis sur pied des programmes pour les enfants des rues, les personnes âgées dans des homes, des écoles, des industries et les premiers sophrologues ont ainsi pu tester les applications mais aussi les limites de la sophrologie.

Parfois nous avons été surpris nous-mêmes ! La base de la méthode se soldait par des résultats souvent surprenants : ça marchait ! Pour ce qui est des limites, c'était surtout au niveau du langage. Or, nous ne voulions pas nous adresser uniquement à un cercle d'initiés mais au public le plus large possible. C'est dans la foulée de cette réflexion que nous avons créé la sophrologie ludique, soit une pédagogie de la sophro classique.

Cette sophro ludique nous a ouvert bien d'autres portes – ne serait-ce qu'au niveau professionnel – après nos études. Tant dans des entreprises que dans des cours publics ou des instituions, il s'agissait pour nous de rester créatifs sur des dizaines d'heures ! Il s'agissait de garder intact l'enthousiasme de nos élèves durant les quatre premiers degrés de la technique.

Et en Suisse ?

Arrivés ici, nous avons tout simplement continué notre chemin. Si ce n'est que, contrairement à la Colombie, la prévention n'était pas ici science-fiction mais réalité ! En Suisse, la sophro avait une réputation et une crédibilité énormes. Elle était surtout créative, accessible, conviviale. Quelle expérience pour nous !

Moins académique, la sophro simple et pratique de ce pays traduisait l'esprit de Raymond Abrezol, direct et chaleureux. En résumant les choses à l'extrême, disons qu'en Colombie, nous avions testé le moteur et les performances de la sophrologie, en Suisse, nous nous lancions dans un grand voyage. Tout visait à l'application de la sophro. A savoir : *A quoi ça sert ? En quoi est-ce que la sophro peut être utile ? Quelle méthode utiliser pour résoudre ce problème précis ?*

Si le Professeur Alfonso Caycedo, à Bogotá, nous avait fait goûter à la profondeur de sa technique, Raymond nous a encouragés à préparer quantité de plats différents, de saveurs variées, tant dans des séminaires jeunesse, au début, que dans les entreprises ou la formation continue des praticiens par la suite. Mais surtout, peut-être, nous avons encouragé des sophrologues à suivre ce parcours où chacun peut cultiver ses talents et transmettre son savoir.

Les cours à thème

La préparation d'un cours à thème demande une étude profonde des sujets à aborder sur le terrain, une vision interdisciplinaire, une connaissance aiguë de nos méthodes… et bien sûr, le désir authentique de répondre aux besoins spécifiques du public visé. En d'autres termes, c'est faire de la sophrologie vivante, accessible, simple, tout en gardant son identité face à d'autres approches comme la psychologie, la PNL (Programmation Neuro Linguistique), les thérapies cognitivo-comportementales, la philosophie… Cette approche par thème est très riche puisqu'elle nous permet de nous enrichir de quantité d'autres disciplines.

La sophro évolue…

C'est un truisme : aujourd'hui, la sophrologie s'est ouverte au bien-être, au développement personnel, au travail sur soi… Avec l'explosion des techniques en tout genre, ces dernières années, la sophro doit affirmer sa spécificité, c'est-à-dire sa méthodologie, sa vision, sa richesse et son expérience profonde. Il nous semble que la méthode est arrivée à une belle maturité, après l'académisme pesant des années 1997-2007, et le souci d'intégrer tous les concepts nouveaux du Professeur Caycedo. Cette nouvelle sophrologie, rigide, a fait fuir des fidèles, en bonne partie parce que des sophrologues n'ont pas su appliquer le concept d'adaptabilité cher au Professeur Caycedo. Les choses ont depuis évolué : la sophro suisse est ainsi passée d'une enfance heureuse à une adolescence parfois douloureuse pour aboutir à une maturité prometteuse !

Reste à en faire la promotion ! Nous utilisons un outil haut de gamme et nous devons le dire haut et fort, ce qui constitue notre prochain défi. La sophro se trouve en première ligne pour répondre à des besoins à tous les échelons de la société : scolaire, professionnel, social... La sophrologie, nous disait le Professeur Caycedo, n'est parfois qu'une sorte d'excuse pour faire évoluer la conscience. Elle a aussi des dimensions qui vont au-delà de toute application. Voilà sa profondeur.

Concrètement, que signifie l'adaptation en sophro sociale ?

La sophro sociale (avec son vecteur : la sophroprophylaxie) utilise l'adaptation comme un pilier fondamental de son action. La sophro caycédienne, à travers ses recherches phénoménologiques, nous fournit une matière première. A nous, sophrologues, de savoir transmettre le message en fonction de plusieurs paramètres : âges, milieux sociaux, demandes, besoins, mentalités, etc.

Lorsque nous sommes nous-mêmes en formation, nous devons nous adapter au langage de la sophrologie. Dans son aspect social, la sophrologie (et donc le sophrologue !) doit s'adapter à ses élèves. A nous de transmettre l'essence et l'essentiel du discours sophrologique aux autres. L'adaptation est donc davantage une affaire de forme que de fond – ou, pour utiliser notre jargon – une question de contenu plus que de structure.

Pour simplifier, il s'agit de parler le langage des gens, sans faire n'importe quoi pour autant. S'adapter, c'est un art qui nécessite beaucoup de pratique, d'observation, de lucidité, tout en restant fidèle à l'esprit de la méthode Caycedo. La sémantique caycédienne remplit une fonction précise : elle nous oriente notamment dans notre recherche, dans le sens où chaque phénomène réclame un langage spécifique d'exploration. C'est ce qui va construire la découverte, la conquête et finalement la transformation dans notre quête.

La sophrologie sociale est en somme le balcon de la méthode, tant par son application que par son interaction avec d'autres disciplines. Elle doit donc être compréhensible sans tomber dans une vision réductrice ou simpliste. C'est dire s'il s'agit parfois d'être funambules. Mais notre expérience nous montre que notre langage de sophrologues est vite compris quand il passe par l'expérience vécue. On le voit même dans les phénodescriptions !

Pour terminer, nous dirons qu'en sophrologie sociale, notre intention est axée sur la solution que l'individu va lui-même découvrir à travers les techniques que nous lui proposons. Notre domaine appartient donc davantage à la prévention et à la pédagogie qu'à la réparation, terrain des thérapeutes. Pour nous, la sophrologie n'est donc pas une fin, mais un moyen. Ceci nous a aussi permis de trouver une place et affirmer notre identité face à la multiplicité des disciplines parallèles. Mieux, nous sommes capables d'entrer en relation sans crainte avec ces autres disciplines. Encore faut-il savoir entrer en relation… Nous pensons ainsi que cette dimension interdisciplinaire et transdiciplinaire devrait être éclaircie dans la formation des sophrologues afin, comme nous le disait le Professeur Caycedo, de ne pas sombrer dans la confusion ou dans un purisme inutile, voire obsessionnel…

Les formateurs

Dr Guy Chedeau
Sophrologue, master spécialiste
Co-responsable de la formation professionnelle des sophrologues

Entraînez-vous et vous verrez !

Je vais m'exprimer sous la forme d'une description phénoménologique… Je suis donc avec Pascal Gringet qui me questionne sur mon vécu de plus de trente ans de sophrologie, pour ce qui est de mon histoire personnelle.
Et, dans cet ici et maintenant, dans ce petit bureau que nous partageons ensemble pour cette interview, je tente de revenir à moi-même, et d'aller chercher aussi dans mon corps, dans mon expérience du moment, dans le présent de ma conscience, à la fois des impressions corporelles et des sentiments, des idées, des images dans ma tête, du début de mon expérience.

Et, je retrouve, avec une certaine nostalgie, des moments de jeunesse… Je venais tout juste de m'installer comme jeune médecin, et un de mes amis, Charles Roda (aujourd'hui directeur de l'Ecole de sophrologie caycédienne de Mulhouse), que j'avais un jour au téléphone de manière amicale, me relatait son séjour à Barcelone où il venait de suivre un séminaire de sophrologie avec le Professeur Caycedo. C'est alors que je lui ai demandé : *« Qu'est-ce que la sophrologie ? »*
Nous avions partagé ensemble toutes nos études de médecine, nous avions partagé beaucoup de moments personnels, avec sa famille et ma famille, car tous les deux nous nous étions mariés très jeunes et avions des enfants ; tout en faisant nos études. Et il me dit : *« C'est une expérience intéressante, tu devrais essayer ! »* Mais je lui dis : *« Barcelone, c'est bien loin. » « Oui, me répond-il, mais un certain Raymond Abrezol est près de chez toi. Tu devrais lui téléphoner et tenter de le rencontrer. »*

La première fois que j'ai vu Raymond, j'ai rencontré un homme dynamique, enthousiaste, et qui emporte facilement l'adhésion de ses interlocuteurs. Et il m'a facilement convaincu qu'il fallait que je m'inscrive à des séminaires de sophrologie, ce que j'ai fait rapidement. Je me suis donc retrouvé à l'Hôtel des Rasses, à Sainte-Croix, avec un séminaire réservé aux professions de la santé, où Raymond se partageait la formation avec Jean-Pierre Hubert. Les groupes étaient assez importants, l'Association Suisse de Sophroprophylaxie (ASP) avait été créée peu auparavant, et la formation de sophrologie n'étant pas à l'époque caycédienne était davantage abrezolienne et hubérienne !

Il y avait, à cette époque, les techniques découvrantes qui étaient des techniques facilement assimilables pour une psychothérapie hypnotique et des techniques dites recouvrantes qui regroupaient les techniques de relaxation dynamique. A l'époque, il y avait trois relaxations à l'ancienne : la RDC 1 inspirée du raja yoga, la RDC 2 inspirée des techniques tibétaines et la RDC 3 inspirée du zen. Celle-ci consistait en une méditation silencieuse en posture du 3e degré, elle durait vingt minutes. Les cours étaient très diversifiés, il y avait un éventail large de théories et de techniques : Freud, Jung, les techniques de relaxation, d'hypnose, un peu de psychothérapie ainsi que le training autogène modifié par Raymond.
J'étais particulièrement intéressé par ces méthodes qui me faisaient beaucoup de bien et qui m'apparaissaient comme un outil précieux pour mes patients.

A l'époque, jeune médecin, j'étais beaucoup dans ma tête. Et malgré tout l'apport des cours de formation, j'ai senti qu'il me fallait un travail complémentaire. J'ai alors suivi des consultations en privé avec une sophrologue et physiothérapeute de Genève, Florence de Rivage. Elle s'appelait elle-même la grand-mère de la sophrologie. Elle était, tout comme Raymond, une des pionnières de la sophrologie en Suisse et avait adapté la méthode à son travail de physiothérapeute. Ça a été pour moi un réel bienfait. Sa technique du massage perceptif, associé aux sophronisations de base, m'a permis de dévoiler ma corporalité et je ressens encore maintenant, dans le présent de ma conscience, la sensation du corps, tranquille, et toujours un peu nostalgique de cette période de découverte de la corporalité. C'était une femme passionnée par son travail et il a fallu des mois à mon cerveau hypertrophié pour accueillir les sensations et les sentiments qui avaient été refoulés par tant d'années de mentalisation, et par un tel besoin de protection de ma sensibilité, à travers ces études difficiles qui tendent à blinder l'individualité.

Je remercie encore Florence de m'avoir donné les moyens de profiter pleinement de ma formation et de m'avoir donné accès à la corporalité ouverte sur l'existence. A l'époque de ma formation, Jean-Pierre Hubert avait une place importante, quant à l'orientation donnée à celle-ci. En 1985, le Professeur Caycedo, de retour de Colombie, a présenté la RDC 4 à la Pitié-Salpêtrière, à l'hôpital où j'avais fait mes études de médecine : une sorte de retour aux sources. C'était pour moi une révélation, une autre vision de la sophrologie, avec une dimension plus phénoménologique et moins analytique, d'autant que durant le repas de midi, j'eus la chance d'être accompagné par un autre pionnier, Jacques Donnars, fondateur de la Société Française de Sophrologie. Il avait écrit un livre dont le titre est *Vivre*, un livre sur la mort. C'était un homme cultivé qui m'a parlé pendant près de deux heures de son parcours riche en expériences et en ouvertures sur la vie et sur le monde ; son fils a repris maintenant l'activité sur Paris. C'est à cette époque que j'ai repris ce qui m'avait toujours intéressé depuis mes études secondaires, la philosophie et Merleau-Ponty : j'ai donc replongé le nez dans la phénoménologie. Ceci a changé, dans ces vingt-cinq dernières années, mon regard sur l'existence.

Dans l'amphithéâtre, j'avais posé cette question au Professeur Caycedo que je voyais pour la première fois : *« Qu'est-ce que la RDC 4 va apporter de plus que la 3, c'est-à-dire donner un ancrage puissant de l'être dans son rapport à l'existence ? »* Il m'a répondu avec justesse, je m'en rends compte maintenant : *« Entraînez-vous et vous verrez ! »*
L'influence de l'entraînement est importante en sophrologie. Nous avons beau chercher à comprendre, l'expérience ne peut être que vivantielle.

Dans les années 1987, Jean-Pierre Hubert, en rupture avec l'approche prophylactique de la sophrologie, a décidé de ne plus poursuivre l'enseignement avec Raymond Abrezol.
Raymond me propose alors de prendre sa suite. Je ne m'étais jamais posé la question mais je lui ai tout de suite dit oui. Tout comme le Conseil

de Fondation de l'Académie, avec Edith et Pierre Schwaar, ainsi que Joseph Borzykowski et Roger Louys qui ont tout de suite accepté, Raymond souhaitait un médecin à ses côtés.

Les masters qui eurent lieu dès les années 90 ont renforcé cette vision que la sophrologie ne pouvait pas être analytique mais phénoménologique. J'ai donc proposé à Raymond de revenir à une sophrologie plus caycédienne et de réorienter la formation sur les relaxations dynamiques, en laissant de côté les techniques découvrantes qui étaient à caractère psychothérapeutique. Raymond m'a laissé les mains libres, j'ai remodelé les programmes et je les ai proposés au Conseil de Fondation de l'Académie qui les a validés.
Régulièrement depuis cette époque, les programmes ont été réaménagés, avec les nouvelles approches des trois cycles, les relaxations actualisées, l'apport de la phénoménologie que j'ai de mieux en mieux intégrée au cours de toutes ces années, puis les méthodes VIPHI* depuis l'an 2000.

Raymond, qui était un homme ouvert, un homme de cœur, un homme passionné, m'a toujours donné beaucoup de liberté. Notre collaboration a été sans nuages. Toujours amicales, nos personnalités étaient différentes, pleines de complémentarité, et les élèves ont su prendre de chacun de nous le meilleur, et j'espère mettre entre parenthèses nos mauvais côtés. Ainsi peut-être que Pascal, qui tape cette interview, pourra mettre quelques mots de ces personnalités et de son propre parcours à travers chacun de nous !**

Le décès de Raymond m'a rempli de tristesse. Je l'ai accompagné dans ses derniers jours en allant le voir chaque semaine… en lui tenant la main, faute de pouvoir se parler quand sa souffrance était trop forte. Il n'a jamais eu peur de la mort, et se faisait plus de souci, dans ses derniers jours, pour ceux qu'il aimait que pour lui-même. Je l'ai trouvé très digne, courageux, et j'espère que là où il se trouve, il veille sur chacun de nous, et sur ceux qu'il aime.

* Vivance Phronique ISOCAY (Intégration propre à la sophrologie caycédienne). La VIPHI permet d'élargie le cadre de la perception des phénomènes.
** Infra p. 75 *Phénodescription par Pascal Gringet.*

J'espère, dans ces prochaines années, être digne de l'héritage qu'il nous laisse, et poursuivre la tâche mise en route depuis près de cinquante ans. J'espère que tous ceux qui se sentent concernés par l'avenir de notre école auront à cœur de poursuivre cette tâche dans un esprit positif, constructif, de collaboration amicale comme ça a été le cas pendant trente ans avec Raymond.

Merci Raymond de tout ce que tu nous as donné, le meilleur de toi-même, ton enthousiasme, et ta vie…

Le feu et la glace

Phénodescription par Pascal Gringet

Raymond qui transmettait son savoir, c'était du Raymond. Avant tout. Surtout. Avec lui, la sophrologie était un vrai feu follet, brasier étincelant dans le matin ou flammèches rebelles dans l'apaisement du soir leysenoud. Les mots et les silences, les nostalgies jungiennes et les raideurs caycédiennes passaient au crible du chercheur d'or, aventurier de la vie et franc-tireur, préoccupé de l'autre avant toute chose, laissant parfois loin derrière lui les dogmes venus de Colombie ou d'ailleurs. Pour faire bon poids, Guy Chedeau venait à la rescousse de ses ouailles béotiennes et déconcertées avec des concepts aux arrêtes franches et tranchantes comme un parallélépipède de glace aux parfaites proportions, et qu'aucune approximation n'aurait laissé fondre ou même ramollir. Le feu et la glace, donc, et au milieu une sophrologie qui me brûlait ou me faisait frémir d'inquiétude, sans jamais toutefois m'abandonner à la tiédeur. La sophrologie comme un art délicat dont les plus élémentaires complexités m'échappaient encore : mais quoi, personne n'a jamais appris son métier dans une école ! Et puis, mon maigre bagage sanctionné, c'est un chemin presque solitaire qui s'est ouvert devant mes pas. Un chemin sans fin qui se poursuit, me laissant la liberté de happer, ci et là, les conseils éclairés des anciens, les expériences tirées de mes gaffes parfois magistrales, des toquades diverses sur un devancier, un prophète du mieux-être ou un docteur du devenir soi. Et puis un jour, j'ai vécu un authentique moment de grâce : un «waaaooohhh» *murmuré par une jeune toxicomane en rétablissement, au sortir d'une relaxation simple. Et ce* «waaaooohhh» *reste pour moi la plus magnifique phénodescription venue ponctuer mon humble tâche. Il reste aussi mon plus fidèle conseil quand il m'arrive de suer en abondance dans le nécessaire inconfort du doute.*

D[r] *phil. Christiane Oppikofer*
Sophrologue, master spécialiste
Co-responsable de la formation professionnelle des sophrologues

Parlons de formations… au pluriel !

J'ai commencé la formation de sophrologue en 1996 après avoir vécu une très nette amélioration de ma santé… à la suite d'un simple cours d'introduction ! J'étais même si étonnée de me sentir mieux, en ne travaillant qu'un tout petit peu sur ma conscience, que je me suis mis en tête d'en apprendre davantage. Curieuse, étudiante *ad aeternam,* je me suis donc lancée dans cette formation, sans savoir de quoi il s'agissait exactement.

Or, il s'agissait de la découverte d'une vie nouvelle ! Une transformation opérée en silence et en douceur, un processus dans lequel je me trouve toujours et qui finira je ne sais pas quand… s'il se termine un jour. Peut-être même y a-t-il d'autres dimensions à découvrir, à conquérir, transformation pour l'éternité ?

Très intimidée, sans aucune confiance en moi, j'ai assisté à un premier séminaire, alors donné aux Diablerets. J'étais en admiration devant ces grands maîtres, Raymond et Guy, qui étaient pour moi des êtres complètement conscients, sortis de la caverne de Platon, illuminés par la pleine conscience. Moi, je me sentais infiniment petite, ma propre conscience complètement voilée. J'avais même un peu peur de Raymond qui m'impressionnait beaucoup, tant par sa taille que par son charisme. Mais quand il m'a proposé, plus tard, de suivre la formation en allemand, à Vienne, je n'ai pas hésité une seconde. J'étais très excitée à l'idée de continuer mes études en allemand, ma langue maternelle, malgré le voyage qui, à l'époque, représentait une véritable expédition, compte tenu de mes angoisses…
A Vienne, pour mon deuxième séminaire, beaucoup de choses ont changé. Je me trouvais super bien dans ce groupe d'une vingtaine de personnes très sympas, et qui m'ont accueillie avec une grande ouverture d'esprit. J'y

ai découvert la ville, magnifique de charme et d'histoire, et j'ai découvert l'homme qu'était Raymond. Comme j'étais la seule élève parlant français, il passait beaucoup de temps avec moi et nous avons visité quantité de sites ensemble. C'est ainsi que nous nous sommes rapprochés pour devenir amis.

J'ai ainsi suivi l'entier de ma formation en allemand, avec Raymond, et j'ai terminé mes études par un examen catastrophique... C'était en français mais ça n'en représentait pas moins, à mes yeux, un échec. Je ne comprenais pas les finesses de la sémantique caycédienne en français : depuis, j'ai fait quelques progrès, au point d'être plus à l'aise dans la langue de Molière que dans celle de Goethe quand je dirige une pratique !

J'ai ensuite poursuivi ma formation en Andorre ; soit une nouvelle découverte de la conscience qui m'ouvrait des portes vers un approfondissement de ma pratique. Je mesurais aussi à quel point il est extraordinaire de rencontrer le créateur d'une méthode, même si son enseignement était dans la suite logique de ce que j'avais appris dans le premier cycle. Au début, le cadre du Centre de sophrologie St Gothard, parmi trois cents sophrologues, m'a intriguée mais enfin, cela faisait partie du dévoilement de ma propre conscience, ainsi que de la découverte de la « groupéité ».

L'enseignement du Professeur Caycedo m'a éclairée sur des dimensions plus profondes de la sophrologie. J'allais vivre les racines de ma conscience et je m'éloignais de plus en plus de mes conditionnements anciens, de mes angoisses, de mes jugements, de mes a priori. Je commençais à exister d'une manière plus consciente ; je me sentais plus confiante, également, dans des valeurs que j'étais capable de vivre à travers la méthode.
J'étais en train de devenir un être humain transformé dans tous les domaines de sa vie. Petit à petit, j'ai abandonné l'enseignement et mon travail dans l'édition d'anciens manuscrits. Reste que mes études universitaires, en lettres, m'ont aidée à comprendre les bases les plus importantes de la sophrologie caycédienne que sont la phénoménologie et l'existentialisme. Edmund Husserl et Martin Heidegger étant des philosophes allemands, je pouvais aller, dans ma langue maternelle, aux sources mêmes de la méthode. Même avantage avec la *Daseins-Analyse* de Ludwig Binswanger, chez qui le Professeur Caycedo a travaillé quelque temps.

Pendant ma formation de master spécialiste, j'ai commencé à enseigner la sophrologie au sein du cabinet de Raymond, à Lausanne, lequel me confiait des patients pour pratiquer les relaxations dynamiques. Quelque temps après, il m'a demandé de m'initier à l'enseignement de la sophrologie en Suisse alémanique. Et c'est à ce moment précis que j'ai constaté qu'il n'existait pas de littérature idoine en langue allemande ! J'ai donc décidé d'écrire un livre à l'intention des élèves germanophones : *Bewusst Sein,* ce qui signifie « Etre conscient », et qui est sorti en 2002. Une belle aventure, d'autant que Raymond m'a accompagnée à la grande Messe du livre à Francfort pour le présenter…
Avec l'écriture de ce livre, j'ai pu intégrer en profondeur les théories et la philosophie de la sophrologie, la discipline reine du développement personnel pour mettre de l'harmonie dans son existence par l'entraînement du corps et de l'esprit. Elle s'inscrit comme majeure dans toutes les disciplines psycho-corporelles. Avec sa pratique, elle est non seulement thérapeutique mais encore existentielle et philosophique.

J'avais trouvé ce que je cherchais depuis longtemps : une méthode qui appliquait les idées philosophiques qui sont de l'ordre du mental aux niveaux corporel et psychique. Cela revient à une libération concrète des conditionnements du passé pour vivre une nouvelle existence sophronique.

J'ai travaillé pendant quinze ans avec Raymond, à côté de lui dans notre cabinet commun (qui avec le temps s'est transformé en cabinet de groupe), dans des séminaires thérapeutiques et dans des cours de formation. Notre amitié et le souvenir de son charisme rayonnant, même après sa mort, m'aident à poursuivre mon propre style de pratique de la sophrologie dans la ligne « abrezolienne » : une sophrologie humaniste, pleine de chaleur, de créativité et de cœur.

En tant qu'êtres humains, une fois que les besoins de base (nourriture, vêtements, logement, loisirs) sont satisfaits, nous avons le besoin de vivre la valeur de la liberté. Le vrai sens de la vie humaine se trouve dans la croissance, dans le développement de la prise de conscience de soi, de la positivité émotionnelle, de la créativité, de la prise de responsabilité pour soi-même et pour les autres. Pourtant, on ne peut pas croître si l'on n'a pas

l'espace pour le faire, tant au sens littéral que métaphorique. En un mot, on a besoin de liberté, besoin d'être libéré de tout ce qui restreint et confine, tant à l'intérieur qu'à l'extérieur de soi.
On a besoin, aussi, de se libérer de ses conditionnements, de ses peurs. Le paradoxe est que, dans l'instant présent, il n'y a pas de peur. Quand nous affrontons notre peur, elle disparaît. C'est là que chaque instant devient précieux. Vivre le moment présent en pleine conscience est une existence sans peur. C'est une existence vécue dans la liberté.

La formation et la pratique de la sophrologie me semblent avoir valeur de modèle de transformation pour une société qui fonctionne, aujourd'hui, avec des valeurs dépassées et souvent destructrices pour les hommes et la terre entière. Beaucoup de gens sont stressés, malades, malheureux. La nature est exploitée et souffre d'un comportement inconscient de la part des humains. La sophrologie nous propose justement une évolution vers la responsabilité, la liberté et la « groupéité » pour une société consciente et respectueuse.
Cela signifie, pour la formation en sophrologie, que nous vivons ensemble une nouvelle forme de « groupéité », avec des valeurs collectives positives.

Si nous voulons continuer à développer la méthode Caycedo, nous devons la présenter d'une façon plus moderne et attirante, en améliorant la qualité de l'enseignement et la qualité des cours et séminaires proposés au grand public. Entre sophrologues, nous devons aussi dépasser une pensée égocentrique pour nous tourner vers une ouverture plus globale. Des études sociologiques ont par exemple montré que des personnes pratiquant une méthode qui entraîne la conscience influencent positivement la conscience collective. Ainsi, la société devient plus cohérente, plus harmonieuse, plus positive, grâce à la mise en commun des qualités et talents de chacun.

Et si nous rêvions un peu d'une micro-société de sophrologues montrant par l'exemple de nouvelles formes de relations et d'entraide entre êtres humains, dans le respect et la tolérance pour un épanouissement collectif ? Et si nous vainquions la peur de l'autre, la peur du manque, l'égocentrisme ?

Et si, tout simplement, nous faisions rêver nos contemporains à un autre avenir qu'à celui qui semble avoir force de loi maintenant, à savoir un individualisme et un matérialisme forcenés ?

Musique d'avenir

Christian Turkier
Sophrologue, coach et formateur d'adultes

« Le sophrologue doit briller de sa propre lumière et éclairer autour de lui. »

Nous sommes le 1er août 2050, la population est partagée en deux, ceux qui pratiquent la sophrologie et les autres.
Les sophrologues partagent leurs informations et travaillent en réseaux. Les associations, les écoles, les académies, les chercheurs, les enseignants, les étudiants, les clients, les patients et le grand public appliquent les principes de la sophrologie, non seulement dans des séances où la conscience est modifiée, mais surtout dans la vie de tous les jours pour communiquer, prendre des décisions, réagir à des situations, éduquer, se positionner, s'engager et avancer sur le chemin de la vie.
Une fourmi isolée, une abeille isolée n'ont pas d'intelligence particulière, mais ensemble elles réalisent des miracles ; cette intelligence collective et hors norme recule beaucoup les limites que nous nous imposons par nos croyances restrictives.
Les cerveaux ne s'isolent plus, mais mettent leur vécu, le résultat de leurs expériences et recherches au service de la communauté, qui grâce à cette synergie progresse et va de l'avant.
Tout comme la PNL (Programmation Neuro Linguistique), l'hypnose ou le yoga, la sophrologie a réussi à dépasser le milieu des sophrologues pour s'imposer dans les entreprises, les écoles primaires, les gymnases et les universités. Dans tous les EMS des séances sont données régulièrement, le personnel hospitalier s'entraîne pour lui-même et pour les patients, ce qui améliore la qualité de leur vie à tous, et davantage encore celle du grand public qui dispose de centres d'entraînements. Les écoles affichent complets de longues années à l'avance. Les médecins collaborent régulièrement avec les sophrologues pour que des entraînements hebdomadaires bénéfiques soient pratiqués par leurs patients.

Les frontières s'estompent, la sophrologie fait son apparition dans les pays émergeants. Juifs et Arabes s'entraînent côte à côte, les frontières Nord-Sud tombent, les pays anglophones et germanophones pratiquent les RDC et ont institutionnalisé les cours dans les écoles. Des sophrologues accompagnent les politiciens dans leurs déplacements sensibles pour que, grâce à la mise en pratique des trois lumières* d'une part et des principes de la sophrologie d'autre part, ils parviennent à se dépasser et trouver les meilleures solutions.
Les valeurs ne sont plus uniquement exercées lors de séances de RDC 4 mais vécues quotidiennement. Nous sommes des êtres responsables car nos valeurs ont été transformées en actes.
L'attitude phénoménologique n'est pas seulement étudiée pour réussir aux examens, mais mise en pratique dans le quotidien. Elle sera la base de la communication et de la perception. Si on se souvient des conflits qui ont éclaté entre sophrologues il y a plus de quarante ans, ceci était loin d'être le cas, fort heureusement nous n'en sommes plus là.
L'herméneutique est universelle. Le dévoilement de la conscience globale a largement contribué à la paix, l'écologie et l'engagement à aider son prochain.

Oui, « le sophrologue doit briller de sa propre lumière et éclairer autour de lui. »

En plus d'un modèle, le sophrologue se doit d'être authentique, et de travailler à se libérer de tout ce qui l'empêche d'être un individu libre, responsable et digne…

Maintenant que j'ai vécu ce monde en 2050, grâce à la SAP (Sophrologie Acceptation Progressive), je vais ramener progressivement ce vécu jusqu'à aujourd'hui et vivre ce rêve de 2050 en mentionnant deux citations : la phrase de Ghandi *« Sois le changement que tu souhaites voir*

* 1. La phénoménologie (science des phénomènes de la conscience, science rigoureuse dont le principe est d'aller « aux choses elles-mêmes »);
2. l'axiologie (science des valeurs de l'existence);
3. l'herméneutique (science de l'interprétation des textes, mais aussi du sens des intentions et des actions).

dans le monde» et celle de Walt Disney *«If you can dream it, you can do it!»* (Si tu peux le rêver, tu peux le réaliser!) Or, les découvertes récentes en neuro-sciences viennent confirmer que ce sont les mêmes circuits neurologiques qui sont activés selon que l'on est dans le monde réel ou virtuel!

Le devoir de chaque sophrologue est un engagement pour que le potentiel de la sophrologie devienne réalité. A nous de trouver les mots justes, les arguments qui font mouche, d'être professionnels et humains, intelligents et sensibles, d'avoir quelque chose à dire mais aussi de savoir écouter, de nous réjouir du succès des autres et de rester humbles face au nôtre, de nous engager non seulement pour gagner notre vie mais aussi pour contribuer au changement demandé. Ensemble nous sommes plus forts et grâce à une vision commune venant renforcer les stratégies, la sophrologie fera tache d'huile auprès du grand public et ne restera pas statique dans le monde des sophrologues. Il nous faut des visionnaires, non des moutons. Un maître Zen avait d'ailleurs dit: *«Ne marche pas dans les traces du sage, cherche ce qu'elles cherchaient.»*

Postface

Francis Bärtschi
Membre du comité de l'Association Suissse de Sophroprophylaxie (ASP)

Les fondateurs, les sophrologues, les formateurs, les membres du corps médical ou paramédical se sont exprimés dans les pages précédentes de ce livre anniversaire. Qu'ils soient remerciés dans cette postface pour leur engagement et leur précieuse contribution au présent ouvrage ! Les expériences de vie relatées, rendues possibles pour l'essentiel grâce à leur propre découverte de la sophrologie caycédienne puis à sa pratique régulière ou constante, ont retenu toute notre attention et suscité, à chaque texte, un intérêt renouvelé. Les pistes de réflexion qu'ils ont été appelés à ouvrir nous montrent que la sophrologie vit, se remet parfois en question, donc évolue… et qu'elle interpelle aussi.

Pourtant, n'y aurait-il pas eu comme un manque si le livre s'était refermé après les intervenants cités, sans donner la parole à un représentant de ceux qui ne sont pas sophrologues de métier, mais qui, peut-être comme eux, ont découvert un jour que la sophrologie leur apportait ou leur apporterait quelque chose de positif dans le monde actuel aux multiples exigences de maîtrise des émotions, de performances pointues de toutes sortes, de mise en concurrence permanente, bref, de vécus souvent chahutés ?

Comment d'ailleurs nommer d'un terme véritablement signifiant l'ensemble de ces pratiquants profanes qui ne peuvent pas simplement être réduits à des clients ou des patients ? En effet, achète-t-on la sophrologie comme un vulgaire article de consommation ? La pratique-t-on uniquement lorsque l'on est ou se sent en santé défaillante, lorsque l'on éprouve un quelconque mal-être ? Les témoignages lus dans ce livre montrent que la sophrologie n'est pas réductible à ces seuls domaines. En conséquence, il s'avère nécessaire de penser un terme à la fois suffisamment large pour ne pas se confiner dans les domaines cités et, en même temps, rendant fidèlement compte de la spécificité de la démarche propre au fait même de pratiquer la sophrologie. Pourrions-nous alors adopter, ne fût-ce que pour les besoins de cette postface, le terme de *sophrologisants ?* Nous aurions ainsi le couple *sophrologues* et *sophrologisants* comme, dans la psychanalyse, il y a celui d'*analystes* et d'*analysants*. En effet, dans ces deux cas, il s'agit de mettre en évidence le rôle actif et non passif de celui qu'on tend à nommer par commodité de langage *patient* (du latin *patior :* souffrir, subir, pâtir, etc.).

Imaginons donc le vécu ou le parcours en sophrologie d'un sophrologisant. Ainsi, une fois intié aux techniques de la sophrologie caycédienne, le sophrologisant peut – devrait, dirions-nous – continuer à pratiquer pour lui, chez lui, les exercices appris lors des cours de premier cycle (RDC 1-4) ; il devrait surtout être appelé à poursuivre la recherche d'une forme de bien-être et d'harmonie en étant à l'écoute du dialogue existant de fait entre son corps et son esprit : donc se concentrer sur les phénomènes de la conscience.
Ce travail sur soi-même, avec soi-même comme interlocuteur privilégié, est certes indispensable, mais les philosophes et penseurs nous ont appris depuis fort longtemps que l'homme est avant tout et nécessairement un être social. Par conséquent, pratiquer la sophrologie ensemble, intersubjectivement, à la recherche d'une harmonie commune n'excluant pas le propre de chacun, ouvre des horizons aux dimensions sociales. Une pratique en commun n'exclut en rien l'individualité de chacun, au contraire, elle permet de la vivre d'autant plus intensément et de l'affirmer dans ce partage même, dans une relation dialectique. C'est bien ensemble que nous vivons, c'est ensemble que nous sommes forts. Nous comprenons dès lors, dans cet objectif social, l'importance que revêtent les maintenances ainsi que les multiples cours ou séminaires de sophrologie organisés depuis trente-cinq ans maintenant par l'ASP et les sociétés affiliées (ASSCA et Académie Suisse de Formation en Sophrologie Caycédienne).

Dans ce livre du moins, la boucle est alors bouclée, car nous voici revenus au point de départ, il y a trente-cinq ans, soit à la naissance d'une association de sophrologisants et de sophrologues, l'Association Suisse de Sophroprophylaxie (ASP), dont l'objectif était et reste social. Que leurs fondateurs soient vivement et chaleureusement félicités ! Que ces lignes leur expriment notre infinie gratitude et nos très sincères remerciements !

Il a été relevé plus haut que l'ASP avait atteint sa majorité. Malgré ses 35 ans il est de notre devoir à nous tous de la considérer comme une jeune adulte qui a encore beaucoup à donner pour autant qu'on lui en fournisse les moyens qui, par ailleurs, ne sont pas que financiers. L'ASP a rendu possible un projet remarquable, travaillons donc ensemble (sophrologues et sophrologisants) à le faire vivre et à le fortifier !

Auteur du dessin : Eric Trepper.

Table des matières

Achevé d'imprimer
sur les presses
de l'Imprimerie Gasser SA
Le Locle (CH)
Quatrième trimestre 2010

Imprimé en Suisse